Diez Secretos para Desarrollar su Potencial

Diez Secretos
para Desarrollar su Potencial

Daniel de León

BETANIA

Un Sello de Editorial Caribe

© 1998 EDITORIAL CARIBE/BETANIA
Una división de Thomas Nelson, Inc.
Nashville, TN – Miami, FL

www.editorialcaribe.com
E-mail: editorial@editorialcaribe.com

ISBN: 0-88113-463-5

Reservados todos los derechos.
Prohibida la reproducción total
o parcial de esta obra sin la debida
autorización de los editores.

Impreso en EE.UU.
Printed in U.S.A.

Contenido

Prefacio	....	7
Introducción:	*Su potencial en Cristo*	11
Secreto uno:	*Entrene sus emociones para que sigan a su mente renovada*	23
Secreto dos:	*Una mente sujeta a Cristo*	35
Secreto tres:	*El valor de su vida*	55
Secreto cuatro:	*Avance en el potencial de Dios*	67
Secreto cinco:	*Observe los problemas a través de su posición en Cristo*	85
Secreto seis:	*Medite en sus logros a través de Cristo* ..	93
Secreto siete:	*Comprenda que Dios no planea derrotas para usted*	105
Secreto ocho:	*Nunca dude lo que Cristo declaró en la cruz*	115
Secreto nueve:	*No maldiga lo que Dios ha bendecido* ..	125
Secreto diez:	*Observe lo que tiene, no lo que ha perdido*	135
Final:	*¡Descubra su potencial!*	147

PREFACIO

Me causó bastante risa cuando el amigo frente a mí me dijo: «Y ahora que nos has dado una herida mortal, ¿qué vas a hacer para regresarnos a la vida?» Por supuesto, estaba haciendo referencia al libro que recién escribí y que ha sido recibido con gran acogida, *Los siete pecados capitales de un padre*, publicado por Editorial Caribe, Miami, Fl. 1996.

Como un cirujano que primero tiene que cortar, abrir, remover y limpiar la parte dañada antes de poder dar el tratamiento correcto, y que no solo restablecerá la salud del paciente, sino que mejorará la calidad de vida del mismo, así hemos hecho. Pero por muy buen trabajo que haga el médico, mucho dependerá del paciente, el cual deberá hacer su parte también. El mejor de los médicos no puede hacer mucho más de lo que el paciente le permita que haga.

En el primer libro hicimos la operación, en este ofrecemos la prescripción que mejorará la calidad de vida y contribuirá al desarrollo del potencial que el Creador depositó en usted. Dios creó al hombre para que fuera un éxito rotundo, pero el pecado entró en el hombre y está estorbando el desarrollo de ese potencial e incluso puede destruirlo. Es como el cáncer que destruye paulatinamente la salud y finalmente acaba con la vida. El cuerpo se enferma y muere. Lo mismo ocurre con nuestra vida espiritual; el pecado acaba con la salud y destruye la vida.

Lo triste es que le hemos dado mucho más énfasis al cuerpo físico que al espiritual, y a eso se debe que muchas veces gozamos de una tremenda salud física, pero tenemos a la vez una tremenda debilidad moral y espiritual. En su mayoría, el hombre es conocido por sus debilidades y no por sus fuerzas. Así como el cuerpo físico tiene muchos músculos que si no se usan se quedan débiles y sin desarrollarse plenamente, lo mismo pasa con el «cuerpo» espiritual que tiene muchos «músculos» que necesitan ser ejercitados para su desarrollo.

Hallo que en su mayoría el hombre no se encuentra realizado a su potencial máximo por falta del uso de esos «músculos» espirituales. El hombre en su estado natural ha puesto todo el énfasis a lo exterior y ha descuidado totalmente el hombre interior. Un gran hombre, escribiéndole a un pueblo cuyos habitantes precisamente habían descuidado lo más importante que el Creador había depositado en ellos, les dice: «Mi deseo es que el hombre interior crezca» (y no tanto el exterior).

Otro énfasis que el hombre ha dado en su búsqueda del «varón perfecto» ha sido el desarrollo de la mente, del intelecto. Desde tiempos remotos, el hombre ha valorizado el desarrollo de su potencial mental. La estatua del varón sentado sobre una roca, con su rostro sobre el brazo en un perfil de meditación, lo dice todo. Escuelas, universidades, bibliotecas, libros, todo ello nos demuestra claramente que el hombre ha reconocido su potencial mental. Pero qué interesante es que su potencial máximo, su potencial espiritual es el que ha sido más descuidado.

Cuando el Creador dijo: «Hagamos al hombre a nuestra imagen, conforme a nuestra semejanza», estaba indicando claramente que además de un ser único con tremendo potencial, estaba creando un ser espiritual (porque Dios es espíritu). Le dio el soplo de vida, o sea, le impartió su misma naturaleza espiritual. Desde allí Dios describe el potencial espiritual que existe en el hombre, este ser único, corona y señor de la creación, y quien tomaría dominio sobre todo lo creado.

Pero, ¿qué sucede? El hombre peca y se rebela contra su Creador y por consecuencia pierde su relación con Dios y destruye el potencial que en él había. Desde entonces, Dios ha elaborado un plan para restaurar al hombre a su lugar de dominio y éxito.

El primer paso hacia esta restauración es reconocer que nosotros no nos creamos a nosotros mismos, sino que fuimos creados por un Dios de amor. Este es el primer paso para poder entrar en una relación personal con Él. En esa relación descubrirás que en nosotros hay un potencial espiritual increíble y descubrirás además, un mundo nuevo donde Dios opera. Él te guiará a descubrir todo tu potencial.

El hombre realizado es un hombre completo física, mental y espiritualmente. Este libro trata más específicamente con la parte espiritual del hombre. En el libro, *Los siete pecados capitales de un padre*, nuestro énfasis fue el padre. En este nuevo libro, nuestro énfasis es más amplio, y aunque estamos tratando con todo tipo de varón en sí, los principios por tratar se pueden aplicar aun a las damas. El hombre realizado puede llegar al éxito en el mundo natural y en el espiritual. Puede tener éxito como persona y como padre, como hombre de negocios y como líder espiritual.

Dios quiere lo mejor de la vida para ti. Él nunca intentó que el hombre viviera bajo maldición, sino más bien bajo bendición. Él no quiere vernos fracasados, nos quiere ver realizados. Él no está en el negocio de destrucción, está en el negocio de construcción.

El propósito de este libro es precisamente ayudarle a desarrollar todo ese potencial que Dios ha puesto en usted a fin de que pueda llegar a ser lo que Él quiere que sea. En sus páginas encontrará lo que consideramos son los secretos necesarios para lograr ese desarrollo espiritual que todos necesitamos.

Espero, pues, que este libro venga a ser el instrumento que Dios use para estimular su fe hacia el éxito que con toda seguridad le espera si confía en Él.

Daniel de León
Autor

Introducción

Su potencial en Cristo

«Hechos conforme a la imagen de su Hijo»

Frente a cada desafío de la vida, tanto en la iglesia, en el trabajo o en la familia, necesitamos que el Señor nos ayude. Sin Él nada podemos hacer. Necesitamos su fortaleza y sus fuerzas. Para esto se requiere desarrollar detenidamente diez secretos que son parte de la vida de la fe, para lograr acrecentar ese potencial que Cristo ha depositado en nosotros.

> *Y sabemos que a los que aman a Dios, todas las cosas les ayudan a bien, esto es, a los que conforme a su propósito son llamados.*
> *Porque a los que antes conoció, también los predestinó para que fuesen hechos conforme a la imagen de su Hijo, para que Él sea el primogénito entre muchos hermanos.*
>
> Romanos 8.28,29

El apóstol Pablo se expresa a través de estas palabras diciendo, «*sabemos*», y esto significa que tenemos conocimiento y revelación de ello. El conocimiento nos da certeza y la certeza borra la duda.

«*A los que conforme a su propósito son llamados*». Los hijos de Dios tenemos un llamamiento del Señor. Asimismo Él nos predestinó desde el momento en que nos conoció para cumplir un propósito importantísimo: «ser semejantes a la imagen de su Hijo».

Dios desea cumplir su voluntad en nosotros y a través de nuestras vidas. Ese es el primer propósito por el cual Dios nos ha llamado a ser sus hijos. ¡Imagínese todo lo que eso encierra!

1. Sabemos quién es Cristo Jesús.

2. Sabemos que Él es Dios en el cielo con toda su Majestad, Honra y Gloria.

3. Sabemos que Él se encarnó y que vino a morar entre nosotros.

4. Sabemos que murió y que también resucitó.

5. Sabemos que venció la tumba, ascendió a la Gloria y que está sentado a la diestra de Dios Padre.

6. Sabemos que Él es Dios todopoderoso, que tiene a todos los enemigos bajo el estrado de sus pies.

7. Sabemos que Él es el que es, y que será declarado por la eternidad Rey de reyes y Señor de señores.

Tú y yo somos llamados a ser como Él es.
Para poder desarrollar ese potencial, primero debemos establecer a Cristo en nosotros, y de esta forma podremos alcanzar todo lo que Él quiere lograr.
«*Para que fuésemos hechos*». La palabra «*hechos*» hace referencia a «*crear*», hacer algo de la nada. No teníamos nada, pero Dios ha puesto algo y eso está desarrollándose más y más.
Cuando estemos en Gloria ya no reflejaremos más nuestra personalidad, sino la de Cristo Jesús, ya no nos pareceremos a nosotros mismos, sino a Él. Por lo tanto, tenemos que desear día a día ser más semejantes a nuestro Señor.
Además, Pablo dice que para los que le aman, Dios quiere «que Él sea el primogénito entre muchos hermanos». Que lindo

es saber que somos parte de una familia, que tenemos un Dios que es nuestro Padre Celestial y que somos hermanos de Cristo Jesús. ¡Divino plan, divina intención, divino potencial!

Justificados en Cristo

> *A los que predestinó, a estos también llamó; y a los que llamó, a estos también justificó; y a los que justificó, a estos también glorificó.*
> Romanos 8.30

A su tiempo el Señor trató con nosotros, nos sacó del pecado, de la condenación, de la maldad, y nos dio justificación. Por lo tanto, somos declarados justos, sin culpa. Entonces nadie nos puede acusar.

También dice que: «*a los que justificó, a estos también glorificó*». Esta es una expresión muy poderosa. Fuimos glorificados en el pasado, somos glorificados en el presente y seremos glorificados en el futuro. Esta frase encierra toda la obra de la salvación y regeneración en nosotros.

Al ser justificados y glorificados, somos llamados a ser hijos de Dios. Fuimos llamados por misericordia, no porque lo merecíamos, sino por el amor de Dios y por su buena voluntad dice Pablo en la carta a Éfeso. Los méritos de Cristo fueron traspuestos de Él a nosotros. No lo merecemos, nada hemos hecho, fuimos perdonados y justificados por gracia. Fuimos glorificados en Cristo cuando ascendió a los cielos. Cuando se sentó a la diestra de Dios Padre, nosotros también ocupamos ese lugar.

Por lo tanto, nos declara reyes y sacerdotes. Como reyes, tenemos autoridad de establecer su Reino aquí en la tierra. Como sacerdotes, tenemos el privilegio de interceder por su pueblo todos los días.

> *¿Qué, pues, diremos a esto? Si Dios es por nosotros, ¿quién contra nosotros? El que no escatimó a su propio Hijo, sino que lo entregó por todos nosotros, ¿cómo no nos dará también con Él todas las cosas?*

¿Quién acusará a los escogidos de Dios? Dios es el que justifica. ¿Quién es el que condenará? Cristo es el que murió; más aun, el que también resucitó, el que además está sentado a la diestra de Dios, el que también intercede por nosotros.

Romanos 8.31-34

Este pasaje trae a la luz la gran verdad de que muchas veces luchamos sin tener que hacerlo, y a veces perdemos la victoria por no tomarla en Cristo. El triunfo está en sus manos. Está allí para usted. ¡Es suyo porque Dios así lo ha declarado! Confíe en la Palabra, no en las circunstancias.

Para poder sostener una actitud positiva y vivir una vida de fe en un mundo desafiante, debemos seguir algunos principios que hemos ilustrado usando cada una de las letras de la palabra **PODER**.

PLANEAR. Es muy importante planear el futuro con una actitud positiva. Su actitud hacia el futuro es la diferencia entre el éxito y el fracaso. Tiene que planear el éxito, pues si planea el fracaso eso obtendrá. Si dice: «No lo lograré», así sucederá.

Sabemos que: «Para el que cree todo es posible» y «según el hombre piensa, así es». Para todos aquellos que tenemos una visión clara de lo que Dios quiere para nuestra vida, planeamos tener éxito y así sucederá.

En la iglesia donde me crié vi a varios jóvenes planear con alboroto comenzar a estudiar en el seminario bíblico. Con el paso del tiempo uno de ellos se graduó y regresó con su esposa a la ciudad y a la iglesia, pero su vida y sus planes fueron solamente un fracaso. El joven terminó siendo un importante distribuidor de cerveza y la esposa también fue una de las más populares de la ciudad, pero por su mal testimonio. Otro de aquellos jóvenes cuando regresó de la escuela bíblica dejó de asistir a la iglesia.

Esas y otras situaciones se grabaron en mi mente y le dije al Señor: «Si me quieres para tu obra, vas a tener que tratar conmigo de una manera muy personal».

Así fue. Era tal mi seguridad de que había sido llamado por Dios para servirle, que me esforcé en gran manera por lograrlo. Yo quería seguir estudiando porque sabía que eso era lo que Dios quería. Mi actitud era: «Voy a lograrlo porque es lo que Dios me ha pedido y lo voy a hacer en su nombre».

Para lograr el propósito de Dios usted tiene que tener una visión clara. Recuerde, hoy tiene el control de la visión pero llegará un momento en que la visión tendrá el control sobre usted. Después, todo lo que tiene, lo que vive y lo que sueña, será pensando en la visión, porque ella tiene el control de su persona.

¡Eso es planear su futuro! Si tiene una actitud positiva, logrará un resultado positivo. Pero si piensa en forma contraria, probablemente el resultado será negativo. Debe mirar el futuro como una oportunidad en la cual Dios se va a manifestar en su vida y derramará grandes bendiciones. Un futuro en el que será un instrumento fuerte y poderoso en las manos del Señor.

Alguien ha dicho «que el que no planea tener éxito, planea tener fracaso». Si usted da los pasos necesarios y pone todo en el debido orden dando prioridad a las cosas de Dios, podrá tomar control de la situación.

Quizás frente a cada proyecto que ha comenzado encontró una derrota por no haberlo enfrentado con una actitud positiva. Ahora debe planear todos sus proyectos con una postura diferente y confiando en Dios.

OBRAR. Nunca entregue el liderazgo de su vida a otra persona o a cualquier obstáculo. Nunca entregue el control de su vida a nada ni a nadie, mucho menos al diablo. ¡Ese es el problema con muchos cristianos! Entregue la dirección y el control de su vida únicamente a Dios.

Si alguien le dice que es un tonto y que no logrará jamás lo que usted desea para Dios, no le dé el control de su vida ni a esa persona o situación excepto al mismo Dios.

Dejamos que los problemas nos controlen, ¡pero eso no debe suceder más! Somos Hijos de Dios y tenemos a Cristo en nosotros. Él nos escogió para algo especial, Él ha puesto en nosotros un increíble potencial. Si he sido glorificado y justificado por Dios para ser semejante a su Hijo, entonces debo vivir a la luz de quien soy realmente en Cristo Jesús. Obrar significa actuar y debe ponerse de acuerdo con la visión, con aquello que Dios está pidiendo de usted, con ese plan que ha desarrollado para su futuro.

Tanto en el trabajo, en la ciudad, en la familia, tomaremos nuestro lugar de autoridad y no le vamos a entregar las riendas de nuestra vida a nadie. A Satanás debemos decirle que ya no vamos a escuchar sus mentiras. Él va a desear no haber oído nunca nuestro nombre cuando comprendamos y aceptemos lo que Dios quiere de nosotros.

DETERMINAR. «Determinar» y «obrar» desarrollan paciencia y duración en nosotros. Es fácil comenzar la carrera, pero difícil terminarla. El asunto no es simplemente comenzar, sino terminar. Para concluir la obra planeada debemos decidirnos a fin de tener el aliento, la fuerza y la persistencia necesarias para seguir adelante hasta acabar lo que comenzamos. Terminar es un asunto de voluntad y viene por la visión que nació de Dios y que usted ha determinado que logrará.

Queremos comenzar, queremos hacer las cosas nuevas, queremos cambiar lo viejo y hacer lo nuevo. Esa energía viene de la determinación y actitud positiva al saber que Dios está con nosotros.

Cuando compramos el primer edificio de nuestra congregación, el pago inicial era de unos cuantos cientos de dólares. En aquel entonces era mucho dinero, pero imagínese si hubiera comprometido económicamente a la congregación para solventar un pago de miles de dólares al mes como ahora. Dios nos llevó a una pequeña cantidad primero porque sabía que allí podríamos vencer, luego nos trasladó a un nuevo desafío que venía por delante al tomar un edificio mucho más grande que el primero. Vendrá el tiempo cuando tengamos un lugar aun más grande, donde miles y miles de almas se reúnan para adorar a Dios y ese lugar nos costará un abono de cientos de miles de dólares al mes. Los logros pequeños producen paciencia y duración para los logros más grandes del futuro.

Mi esposa cuenta una historia acerca de un trencito que va subiendo una loma con mucho esfuerzo y mientras asciende dice: «¡Creo que puedo! ¡Creo que puedo! ¡Creo que puedo!» Cuando pasó la barranca y llegó al llano, dijo: «¡Sabía que podía! ¡Sabía que podía!

Si Dios ha dicho que hay tremendo potencial en mí, debo desarrollarlo para poder ser todo lo que Dios quiere que sea. Digamos como el esforzado trencito: «¡Sé que puedo! ¡Sé que puedo! Y cuando esté en el llano y lo haya logrado, diga: «¡Sabía que podía! ¡Sabía que podía!»

ENERGIZAR. Agregue energía a su potencial. Logramos energizar nuestra vida cuando nos renovamos. Hay diez secretos para energizar su potencial:

1. Entrene sus emociones para que sigan a su mente renovada (Romanos 12.2)

2. Una mente sujeta a Cristo

3. El valor de su vida

4. Avance en el potencial de Dios

5. Observe los problemas a través de su posición en Cristo

6. Medite en sus logros a través de Cristo

7. Comprenda que Dios no ha planeado derrota para usted

8. Nunca dude lo que Cristo declaró en la cruz

9. No maldiga lo que Dios ha bendecido

10. Observe lo que tiene, no lo que ha perdido

RENOVAR. Debemos renovar cada día nuestro compromiso con Cristo.
Renovar involucra tres cosas:

1. Extender nuestra mano y tomar la de Dios.

2. Pensar en lo que Dios ha hecho en el pasado. Eso reflejará la bondad de Él.

3. Renovar nuestro compromiso. Tomarnos de la mano de Dios y recordar su bondad infinita nos permite seguir adelante. Eso me ayuda a comprometerme nuevamente y decir: «Señor, tengo la convicción de que juntos conquistaremos el mundo». Una vez más, Señor, proclamo tu palabra que dice: «Todo lo puedo en Cristo que me fortalece».

El atleta había comenzado a engordar; comía más de la cuenta y ya no hacía tanto ejercicio. Entonces se encontró muy pesado, agotado y que ya no tenía fuerzas. No podía caminar como antes, no podía correr ni respirar como antes. Pero qué sucedió cuando dijo: «Aún puedo renovarme y salvar este cuerpo que está escondido detrás de esta grasa». Comienza una dieta, inicia su actividad física nuevamente, se entrena levantando pesas y con el tiempo lo encontramos nuevamente listo para correr. Ahora está renovado.

George Foreman, campeón mundial a los 45 años

Quizás el mejor ejemplo de todos los atletas de la época moderna sea ahora el muy famoso pugilista, George Foreman, de los Estados Unidos. A la temprana edad de 22 años llega a ser campeón del mundo. Su pegada de «knockout» era tema de discusión en boca de los reporteros del boxeo. Pero se encontró a un Mohammed Alí en su lista de contrincantes que acabó por el momento con el famoso Foreman.

Pasaron los años y aquel robusto cuerpo de 225 libras (112 kilos) se transformó en un «elefante» de más de 260 libras y además, aquel joven es ahora un hombre de más de 40 años. Se cuenta que lo que causó que el famoso Foreman regresara al ring a entrenar fue una necesidad financiera. Él había desarrollado un programa para jovencitos del barrio y quería animarlos a salir de la pobreza ofreciéndoles una alternativa de educación, inspiración y deportes. (En cierto aspecto, yo quiero hacer lo mismo a través de este libro.)

Lo increíble sucedió. A la edad de 45 años gana de nuevo el campeonato mundial. Algo que nunca jamás en la historia del boxeo se había registrado. Por supuesto, lo primero que tuvo que hacer fue comenzar de nuevo una dieta asombrosa, había que perder muchas libras. De nuevo a las pesas para renovar los músculos que ahora eran como elásticos. Había que comenzar a pelear en el ring con neófitos y peleadores «mediocres» pero había una meta.

Pienso que si todo este esfuerzo lo hizo para ganar una corona corruptible, ¿qué no debemos de hacer nosotros para ganar la incorruptible?

También la Biblia nos da algunos ejemplos que ilustran esta maravillosa transformación. Veamos el ejemplo del águila.

Dios habla a través del profeta utilizando como ejemplo al águila que se renueva. Cuando el águila crece y llega a la madurez, su pico se va encorvando. Ya no puede comer bien su presa, y pierde energía y fuerza. El instinto del animal toma control de él y le recuerda que puede renovarse. Entonces comienza a golpear su pico contra la roca hasta que este finalmente se quiebra. Los días siguientes son dolorosos y el águila no podrá comer, pero con el tiempo le crecerá un pico nuevo, totalmente renovado. Así como aquel que espera en Jehová recibe nuevas fuerzas, usted puede desarrollar ese potencial que está en su vida.

El cuerpo se hace viejo, pero el espíritu no. No se si usted es un anciano, pero sepa que su espíritu aún se siente joven. El cuerpo no puede renovarse, pero el espíritu sí.

Dígale al Señor: «Haré lo que hizo esa águila. Me decidiré a lograr lo que antes alcanzaba. Voy a renovar mis fuerzas para una vez más trabajar en tu obra». Si así lo establece, le aseguro que logrará aquello que nunca imaginó.

Cuando la madre águila echa a los pichones del nido, sabe por instinto que es tiempo para que esas aguilillas vuelen. Los arrima a la orilla del precipicio y cuando están cerca les da un empujoncito. Nunca antes habían volado, siempre han estado en el nido, pero ha llegado el momento de hacerlo, de desarrollar el potencial que está en ellos.

Hoy, Dios le está dando un empujoncito para que se anime a volar. Dentro de ese pichón está el águila que sabe volar. Nadie le ha dado instrucciones, nadie lo ha puesto frente a un pizarrón, ni le ha dado clases de vuelo, pero ahí dentro de ella está el potencial para lograrlo. El potencial está dentro de usted.

Cuando la mamá águila empuja a su pichón para volar, el pequeño mira el precipicio y le parece que va a estrellarse, pero... ¿sabe qué sucede? El águila madre vuela descendiendo por debajo de aquellas pequeñas aves y mete sus alas por debajo de sus hijos.

Muchas veces nos vemos cayendo al precipicio, gritando y pensando que nos vamos a estrellar. Rápidamente reclamamos: «¿Qué está haciendo Dios conmigo? ¿Acaso no me ama? ¿Cómo me ha empujado solo en medio de este precipicio?» Puedo asegurarles que el Señor sabe lo que está haciendo con usted.

Esos jóvenes pichones van muy tranquilos sobre las alas de su madre. Ya en el nido de nuevo, están seguros y ella les da de comer en el pico y los cobija. Pero ellos deben aprender a volar y nuevamente los lanza al precipicio. Y ahí van otra vez contra las piedras. Sobrevuela otra vez la madre y colocándose bajo ellos los vuelve a sostener hasta que finalmente aprenden a volar solos, hasta que se sienten seguros y toman control del vuelo.

Si Dios nos da el empujón es porque sabe que dentro de nosotros hay un águila. Usted dirá: «Pastor, nadie me ha enseñado a volar». Nadie lo hará, está en usted, porque Cristo está en usted.

Dios quiere que esa águila imponente, majestuosa y hermosa que conquista las corrientes del aire elevándose, salga de usted. El águila siempre vuela sola, no vuela entre otras. Donde nadie más planea, allí está el águila. Se eleva a los lugares más altos, tan altos que puede llegar a cubrirse de hielo por el aire helado. Cuando Dios le dice ¡es hora!, es porque sabe que usted puede ser esa águila majestuosa.

Cuando un hermano viene y me dice: «Pastor, voy a cambiar de iglesia porque en esta no recibo alimento», respondo: «Hermano, ¿tantos años en el Señor y aún necesita que lo alimenten en la boca? ¿Cuándo crecerá y será como el águila que se alimenta sola y que no depende del hermanito, ni del pastor, ni del anciano?» Dependa de su Dios y del potencial que en Él está. El águila sabe lo que es y se mueve como tal.

Diga si es necesario, camino solo y no dependo de nadie porque soy un águila que depende de Dios. Sé quién soy, de dónde vengo y a dónde voy. Sé que soy llamado por el Dios de la Gloria y que hay una obra por hacer. Si es necesario, voy a quebrar este pico que me tiene acostumbrado a comer migajas, cosas suavecitas que no me producen mucho dolor, pero que a la vez no me dan la sustancia necesaria. Y aunque tenga que llegar a la orilla de la muerte lo voy a hacer porque sé que hay algo glorioso por delante. Tengo que regresar al alimento que le conviene a mi cuerpo, tengo que comer ese alimento sólido que me da energía y duración.

¡Haga volar el águila que hay en usted! ¡Desarrolle ese potencial que Dios ha puesto en su vida! ¡Si no abre sus ojos espirituales, lo perderá!

Secreto uno

Entrene sus emociones para que sigan a su mente renovada

Los sentimientos llegan y se van, en ellos no se puede creer. Mi garantía es la Palabra de Dios, la única digna de atender.

Los latinos somos conocidos por nuestras emociones. Se dice del mexicano: «El hambre lo tumba, ¡pero el orgullo lo levanta!» Del argentino: «No importa si tiene algo (de valor) que decir, el asunto es decirlo» (donde hay dos, hay tres opiniones). Del español: «Lo que importa es su patria». Del tejano-mejicano: «Todo tiene que ser más grande que los demás».

Tenemos dichos que ilustran esta característica latina: «La educación es para los flojos», «no te dejes de nadie, muéstrales quién eres», «si tú puedes, yo puedo más». La canción mexicana dice: «El orgullo que te cargas, por los suelos va a rodar». El borracho en la cantina dice con mucha emoción: «¡Póngaselas (cervezas) a todos, yo pago!» (aunque sus hijos en casa se están muriendo de hambre).

Todos sabemos que las emociones nos traicionan, no podemos confiar en ellas, pero porque «así somos» no es fácil controlarlas de pronto y muchas veces esta característica es la que nos impide hacer grandes logros. En lugar de entrar en una disciplina de nuestras emociones y encarrilar nuestras vidas por una mente educada, nos dejamos guiar por nuestras emociones.

Veamos lo que el Señor nos dice en este pasaje bíblico que nos ayudará a ilustrar este primer gran secreto hacia el éxito en la vida cristiana.

> *Porque el reino de los cielos es como un hombre que yéndose lejos llamó a sus siervos y les entregó sus bienes.*
>
> *A uno dio cinco talentos, y a otro dos, y a otro uno, a cada uno conforme a su capacidad; y luego se fue lejos.*
>
> *Y el que había recibido cinco talentos fue y negoció con ellos, y ganó otros cinco talentos.*
>
> *Asimismo el que había recibido dos, ganó también otros dos.*
>
> *Pero el que había recibido uno fue y cavó en la tierra, y escondió el dinero de su señor.*
>
> Mateo 25.14

Dios nos ha dado talentos que debemos administrar. Estos deben ser desarrollados efectivamente para obtener los logros esperados. Si no logramos incrementar lo que potencialmente tenemos en Cristo estamos robándonos a nosotros mismos la bendición de poder lograr todo lo que Dios desea para nosotros.

En nuestra historia, a uno de los siervos, el señor le dio cinco talentos, al otro le dio dos y al restante, uno. Cada uno recibió conforme a su capacidad administrativa. No le dio cinco talentos al que solamente podía desarrollar uno. Pero... observamos que el siervo que recibió un solo talento no hizo nada.

Hace muchos años atrás, al estudiar este texto, comprendí un secreto: *El que menos tiene para dar es quien está en el peligro más grande de dar nada.*

Hay personas que tienen muchos talentos: predican, cantan, dirigen y mucho más. Pero hay otras que tienen un solo talento y no hacen nada.

¡Tenga cuidado, no se conforme con tener un solo talento en el Señor! No se quede sentado diciendo: «Bueno, voy a cuidar lo que Dios me ha dado. Lo voy a tener escondido para que cuando Él venga a buscarme se lo entregue intacto, y... lleno de polvo, por lo bien que ha estado guardado». ¡Dios no desea eso!

Partícipes de la naturaleza divina

Dios quiere usarle y hacer de usted algo grande, esa es la razón por la cual lo salvó. Si Él no tuviera grandes planes para su vida, no lo hubiera escogido. Dios lo escogió y depositó en usted todo lo que Él es. Por lo tanto, al ser partícipes de la naturaleza divina, tenemos en nosotros grandes y gloriosos talentos que Dios quiere sacar a luz (véase 2 Pedro 1.4).

El apóstol Pablo nos dice:

Y tal confianza tenemos mediante Cristo para con Dios; no que seamos competentes por nosotros mismos para pensar algo como de nosotros mismos, sino que nuestra competencia proviene de Dios... Por lo tanto, nosotros todos, mirando a cara descubierta como en un espejo la gloria del Señor, somos transformados de gloria en gloria en la misma imagen, como por el Espíritu del Señor.

2 Corintios 3.4,5,18

«Como en un espejo», cada día nos acercamos más a la gloria de Dios. Ya no debemos caminar con una máscara de impotencia, debemos caminar a cara descubierta reflejando más lo de Dios en nosotros. Esta porción nos indica que Dios quiere lograr algo grande en nuestras vidas para que Él sea glorificado, para que los demás vean las obras de su Padre a través nuestro.

La obra que el Señor comenzó en el pasado continúa en el tiempo presente y seguirá obrando en el tiempo futuro hasta llevarnos a la Gloria. Allí alcanzaremos nuestra perfección. Mientras tanto estamos creciendo, madurando, intentando alcanzar la perfección de Dios.

En estos últimos tiempos los científicos descubrieron algo asombroso en el espacio con la ayuda de un telescopio que está girando en una órbita alrededor de nuestro planeta. Este instrumento fue creado y lanzado al espacio debido a que la contaminación en la atmósfera terrestre no permite hacer observaciones del lejano espacio con una buena nitidez.

Este telescopio que se encuentra a distancia considerable de la tierra, envía interesantes fotografías espaciales. Fue a través de estas imágenes que descubrieron por primera vez que habían millones de galaxias más que las descubiertas hasta ese momento. Nuestro sistema solar, en donde se encuentran los planetas que conocemos y que giran alrededor del sol, es una simple y sencilla parte de una galaxia con millones de estrellas.

Anteriormente a la toma de estas fotos se consideraba que había entre 50 y 1000 millones de galaxias, luego descubrieron billones de ellas en el espacio. ¡Ese es nuestro Dios! «Los cielos cuentan la gloria de Dios, y el firmamento anuncia la obra de sus manos» (Salmo 19.1).

Si Él ha hecho todo el universo, ¿qué no podrá hacer con nosotros si su hijo está en nosotros? Si Dios nos dio talentos para trabajarlos, ¿no cree que deberíamos desarrollarlos?

Si el médico le dice a usted que puede llegar a ser un joven musculoso y levantar pesas de hasta cuatrocientas libras (200 kilos), pero usted lleva una vida sedentaria, sin ejercitar su musculatura, nunca lo logrará. El ejercicio es el único medio para estimular el desarrollo de la musculatura.

Por años, desde que comenzaron las olimpiadas en Grecia antes de Cristo, todos creían que no se podía correr una milla en menos de cuatro minutos. El mundo había creído y aceptado que nadie podría superar ese tiempo. Hoy, todos los que corren profesionalmente pueden superar esa marca. La razón de ello seguramente se debe a que alguien creyó que lo podía hacer y se entrenó con esa meta hasta lograrlo.

Si alguien me hubiera dicho: «Mira Daniel, tú no puedes ser predicador. ¿Quién te metió tal idea en la cabeza? Por favor, acepta lo que eres. Tú tienes la cabeza bien chiquita, con un cerebro que apenas puede pronunciar tu nombre y ahora... ¡¿quieres ser predicador?!» Probablemente nunca lo hubiera logrado. Pero una persona me dijo: «Tú puedes ser un buen predicador». Yo le creí y lo acepté. Entonces me puse a orar. Cada viernes por la noche oraba desde las once de la noche hasta las cuatro o cinco de la madrugada. Buscaba a Dios diciéndole: «¡Señor, si tú quieres que predique tu Palabra me vas a llamar, sino yo no voy a ir a estudiar al seminario. ¡Señor, háblame!»

Así sucedió, cuando Dios me habló, fui al seminario a estudiar. Los estudios me costaron miles de dólares. Perdí algunos kilos de peso porque tenía que trabajar cuarenta, cincuenta horas semanales e ir a la escuela de día y de noche. Así ejercité los «músculos» necesarios para poder predicar.

El potencial está en nosotros, pero si no lo buscamos, si no lo ejercitamos, no lograremos desarrollarlo. Nos sentamos a esperar que Dios nos dé lo que tanto anhelamos, sin hacer nada de nuestra parte para alcanzarlo. ¡Así no se logran las cosas en el Reino! Solamente a través de la oración y el sacrificio se alcanzan las cosas que queremos lograr. Si usted quiere ser un instrumento fuerte en las manos de nuestro Dios tendrá que sacrificarse y orar mucho, pues es por medio de la oración que nos comunicamos con Dios.

Leíamos de Pablo que el Señor le dijo: «Vé, porque instrumento escogido me es éste, para llevar mi nombre en presencia de los gentiles, y de reyes, y de los hijos de Israel; porque yo le mostraré cuánto le es necesario *padecer* por mi nombre» (Hechos 9.15,16, énfasis añadido).

¿Quiere llegar a ser algo especial en las manos de Dios? Entonces tendrá que pagar el precio. Dios no le va a entregar algo tan precioso solamente porque usted es quien es, sino que se lo dará porque es un hijo que se esfuerza por lograr todo lo que su Padre quiere darle.

El primer secreto

Para llegar a desarrollar ese talento que Dios puso en nosotros, debemos tener en cuenta ciertos secretos que nos ayudarán a ejercitar día a día nuestra musculatura espiritual.

El primer secreto que debemos considerar es: *Entrenar nuestras emociones para que sigan a nuestra mente renovada.*
Aunque parezca un pequeño trabalenguas, es algo muy difícil de lograr. Antes de conocer a Cristo, vivíamos guiados por nuestras emociones, simplemente nos dejábamos llevar por nuestros impulsos emocionales.
Tal vez nos sirva recordar, mirando el pasado, cuando nos enamoramos de esa persona que no era la indicada para nuestra vida. Todos decían: «No te conviene, no es para ti». Sin embargo, nuestra sencilla e inconsciente respuesta era: «¡Pero la quiero tanto!» ¡Era una emoción!
Otro ejemplo tan común es cuando nos peleábamos con otra persona o con nuestros hermanos por cosas insignificantes. Cuando nos poníamos a pensar al respecto decíamos: «¿Pero, por qué hice eso? ¿Por qué dije esa tontería?» En el momento de la discusión no pensábamos, únicamente nos dejábamos mover por nuestros impulsos.
Al usar nuestra cabeza y pensar seriamente en lo que hacemos, nos damos cuenta de que no nos conviene, pero estamos tan acostumbrados a ser guiados por nuestras emociones y sensaciones que seguimos en lo mismo.
La mentalidad del mundo de hoy es: «¿Qué te hace sentir bien? ¡Eso debes hacer!» Sensaciones, emociones, impulsos, y luego... el desorden y las consecuencias.
Pero cuando llegamos a Jesucristo las cosas deben cambiar, debemos dejarnos guiar por nuestra mente renovada y no por nuestras emociones porque estamos hablando de la vida nueva, hemos sido transformados.
Entonces el primer secreto para desarrollar su potencial en Cristo Jesús, es entrenar o disciplinar sus emociones para que sigan a su mente renovada.

Una metamorfosis espiritual

Así que, hermanos, os ruego por las misericordias de Dios, que presentéis vuestros cuerpos en sacrificio vivo, santo, agradable a

> Dios, que es vuestro culto racional. No os conforméis a este siglo, sino transformaos por medio de la renovación de vuestro entendimiento, para que comprobéis cuál sea la buena voluntad de Dios, agradable y perfecta.
>
> Romanos 12.1-3

La palabra *comprobar* se une a la palabra *entendimiento*, y esta a su vez a la palabra *racional*. ¡Debemos usar la cabeza! ¡No podemos confiar en nuestros sentimientos!

El apóstol Pablo dice que debemos cambiar. Antes éramos gusanitos en el pecado, como trapos de inmundicia nos arrastrábamos por el suelo, a causa del pecado. Pero hemos sido tocados por Dios mismo, Cristo Jesús ha hecho una obra increíble en nosotros. Ahora somos «mariposas». Una metamorfosis ha ocurrido, de un ser emocional a un ser racional renovado.

La sicología nos ha enseñado que primero somos personas emocionales y luego racionales. Pero el apóstol Pablo nos dice que hemos cambiado, que somos nuevas criaturas, ya no debemos ser primero emocionales sino racionales, conforme a lo que Cristo Jesús nos ha enseñado: Decidir a base de la Palabra de su Padre bajo la dirección del Espíritu Santo.

Hay una transformación que debe ocurrir al recibir a Cristo en nuestros corazones. Ya no nos podemos dejar llevar por las emociones, esa es nuestra naturaleza adámica, ahora somos nuevas criaturas.

Si deseamos desarrollar ese potencial de Cristo en nosotros, entonces vamos a tener que disciplinar, controlar y entrenar a nuestras emociones para que sigan nuestra nueva manera de pensar.

> Digo, pues, por la gracia que me es dada, a cada cuál que está entre vosotros, que no tenga más alto concepto de sí, que el que debe tener, sino que piense de sí con cordura, conforme a la medida de fe que Dios repartió a cada uno.
>
> Romanos 12.3

Aprenda a pensar bien, con cordura, con control. Si se deja guiar por sus emociones no va a ser fuerte sino débil, desmayará y no tendrá éxito sino derrota.

Josué, el valiente

Cuando Moisés murió, probablemente Josué se sintió solo. Entonces pensó: «¿Qué puedo hacer con este gran número de personas? Este pueblo está detrás de mí, esperando que yo los guíe y les dé órdenes. Ellos están esperando que yo camine para seguirme. Frente a mí está el río Jordán, la puerta más grande que nos espera o la pared más grande de estorbo. Más allá está Jericó, y luego Hai. Allí está una ciudad llena de enemigos».

Emocionalmente, este muchacho estaría nervioso, pero Dios le habló y le dijo: «No tengas miedo, sé valiente, sé fuerte. Toma de las promesas que yo te he hecho». El Señor le estaba enseñando a este joven lo mismo que yo les estoy explicando en este capítulo.

En el camino de la fe, cuando estamos frente a situaciones difíciles, nuestra tendencia es recurrir a lo más sencillo, confiar en nuestras emociones o percepciones.

Si frente al desafío de la vida, guiamos nuestra vida por el camino de las emociones, tendremos problemas.

Nadie puede guiar su vida por medio de emociones. Ella debe estar fundada sobre la roca firme de la Palabra de Dios. Entonces, cuando lleguen los problemas, vencerás, porque tu vida no está construida sobre emociones.

Dios le dice a Josué: «Mira que te mando que te esfuerces y seas valiente; no temas ni desmayes, porque Jehová tu Dios estará contigo en dondequiera que vayas» (Josué 1.9).

Dios intentaba explicarle que desde el día que Moisés le impuso las manos y lo declaró líder, él debía seguir adelante y conducir al pueblo a la tierra prometida porque la victoria estaba segura.

Jesús, un ejemplo

¡Usemos la mente renovada! El pueblo hispano es muy emotivo, se caracteriza por manejar las situaciones impulsivamente sin pensar en las consecuencias. Pero, en Cristo Jesús tenemos que guiarnos por lo que hemos aprendido por medio de la Palabra, por lo que nos han enseñado nuestros líderes espirituales.

Entonces si desea tener éxito va a tener que decirle ¡No! a las emociones. Cuando ellas digan en su interior: «Tu hijo nunca va a ser salvo», «tu esposo nunca va a ir a la iglesia», «eres un fracasado, nunca tendrás éxito», utilice su fe y no le crea a sus emociones, recuerde que la fe viene por el oír la Palabra. Guíese por lo que aprendió en las Escrituras. Cuando estamos maduros en el Señor, creemos por fe lo que Dios nos enseña. Si no hemos crecido espiritualmente seguiremos siendo seres netamente emocionales, entonces, día a día nos moveremos conforme a las circunstancias que nos rodean. Seremos títeres de las situaciones vividas en este contexto terrenal. Dios nos enseña cómo superar esta condición.

Jesucristo dijo: *No vine a hacer mi voluntad sino la de aquel que me envió*. Usted puede imaginarse que hubo más de una ocasión en la vida del Señor Jesús en la que fácilmente podía haberse guiado por sus emociones y por sus sentimientos. Por ejemplo, Él podría haber dicho: «Yo no quiero ir por Samaria. Allá me odian». Podía hacer dicho: «No me quieren, bueno, yo tampoco los quiero a ellos».

También al inicio de su ministerio, Jesús se encontró frente a frente con el mismo diablo durante cuarenta días. En tanto tiempo, Jesús tendría ganas de hacerlo desaparecer y aunque Él tenía la autoridad y el poder para hacerlo, había un plan divino que debía ser cumplido.

Allí nos demostró que se puede actuar bajo las indicaciones de nuestra mente cuando está sujeta a la Palabra de Dios.

Cuando Jesús fue a Getsemaní, dice la Biblia, que le dijo a los que estaban a su lado: «Mi alma está muy triste, hasta la muerte; quedaos aquí, y velad conmigo» (Mateo 26.38). Jesús estaba angustiado, Él sabía que pronto lo arrestarían, entonces le pidió a sus discípulos que oraran junto a Él. De esta forma Él dijo: «Vamos a poner la confianza en aquel que me envió, vamos a hablar con Él». Así se arreglan las cosas. No voy a confiar en mis emociones, solo confío en su voluntad para mi vida.

«Haya pues en vosotros este sentir que hubo en Cristo Jesús» (Filipenses 2.5). La palabra *sentir* en el griego original quiere decir *mente*. Por lo tanto este versículo dice: «Haya en vosotros esa misma *mente* que estaba en Cristo Jesús». Una mente decidida y disciplinada. Jesucristo se sentía protegido al hacer la voluntad de su Padre. Él sabía que estaría en gran peligro si se hubiese salido de esa voluntad. La única manera que Él podía estar seguro y no caer en trampas o en equívocos era guardándose dentro de la voluntad de su Padre. Él sabía claramente cuál era su decisión, y se rindió totalmente a ella. ¡Esa es la clave más grande para usted y para mí!

Jesús no se guió por emociones sino por la Palabra del Padre

¿Cuántas veces habrá tenido deseos de sanar a todos los enfermos que se cruzaban en su camino, de predicar el Reino de los cielos, de ayudar al pobre, al menesteroso y a los humildes durante los primeros treinta años de su vida? Pero el Padre le dijo: «Espera hasta que yo te diga». Jesús esperó treinta años para hacer su obra, treinta años fue el tiempo de Dios para la vida del Señor. ¿Cuál es el tiempo de Dios para la de usted?

Amigo, si no entrena sus emociones para que sigan a su mente, no va a desarrollar el potencial de Cristo que está en usted. ¡No logrará mucho si va tras las emociones!

El mundo dice: «Intenta ser el número uno, no dejes que nadie te controle, toma las riendas de tu vida». Pero con el Señor es diferente, Él dice: «Si quieres ser el primero, debes ser el último, y el que acepte ser el último, este será el primero».

El Señor dice: «¿Quieres ser el número uno? Entonces debes ser el siervo de todos». Cuando usted pone su confianza en la Palabra, en lugar de ponerla en sus emociones, puede ser transformado. El Señor se humilló, sirvió y luego murió en la cruz, por eso Dios le dio un ¡nombre sobre todo nombre!

Una mente controlada

Cristo nos enseñó cómo debe ser la vida de aquel que sigue a Dios: totalmente controlada. Debemos tener una mente disciplinada por lo que Dios es, y por lo que su Palabra nos dice. La mente de Cristo establece valores, bases, fundamentos. Es lo que llamamos valores cristianos. Sobre esos fundamentos construiremos nuestra vida. Estos valores son los que deben dar vida a nuestras actitudes hacia nuestro cónyuge, hacia nuestros hijos, hacia nuestros vecinos, hacia nuestro trabajo. Nuestra relación con todo lo que nos rodea debe nacer de estos valores que establecimos.

Cuando llegan los momentos de prueba, inmediatamente dos cosas van a surgir en usted. Sus emociones le van a decir: «Hazlo de esta manera». Pero dentro de usted va a saber que hay otros valores que le dicen algo diferente. De usted depende de que haga caso a los valores espirituales o a las emociones.

Sus emociones le dicen: «Róbale al gobierno, se lo merece». Se convence usted mismo de hacerlo, basándose en lo que el mundo dice, y se justifica según ese mismo molde, compuesto de emociones, de sentimientos del ser humano, que está caído y lleno de pecado.

Debe gobernar su manera de pensar, sus actitudes, ellas deben seguir los principios bíblicos. Si Dios dice que no, yo debo decir que no.

Debemos guiarnos por principios bíblicos que están desarrollándose como «músculos» en nuestra mente, y cuando estén totalmente ejercitados, cuando esa Palabra se haya encarnado en nosotros, será la guía que nos enseñará todos los días cómo vivir nuestra vida delante de Dios.

Si comienza aceptando este primer gran secreto, habrá dado el primer paso para el crecimiento y desarrollo de su vida como nunca antes.

S e c r e t o   d o s

Una mente sujeta a Cristo

Tenemos poderes que jamás imaginamos. Podemos hacer cosas que jamás pensábamos que podíamos hacer. No hay límites para lo que podemos hacer, excepto lo que nuestra propia mente nos dice que no podemos hacer. No pensemos que no podemos. Pensemos que podemos.

Darwin F. Kingsley

El valor de la mente no está en elevarse a las alturas, sino en marchar ordenadamente.

Michel de Montaigne

La mente es como el paracaídas: solo funciona cuando usted la abre.

Lord Dewar

No somos un accidente del cosmos, tampoco el antojo de un hombre unido a una mujer, ni somos simplemente miembros de la raza humana. Somos criaturas de Dios y como tales fuimos hechos conforme a su imagen y semejanza.

A través del nuevo nacimiento en Cristo Jesús hemos sido regenerados para que todo ese potencial que se perdió en la caída del primer hombre se desarrolle en nuestras vidas. De esta forma todo lo que Dios quiere que nosotros seamos, será. El verdadero deseo de Dios es que su potencial espiritual se desarrolle para que todo lo que Él es, se manifieste en nosotros.

Podemos llegar a ser hombres y mujeres sin límites para alcanzar los propósitos divinos si conocemos los principios que Dios nos ha dado en la Palabra. El hecho es que la Biblia nos enseña claramente que el hombre perece, y no logra ser lo que Dios desea para él. La propia persona se roba a sí misma todo lo que Dios tiene preparado por falta de conocimiento. Jesús le dice a Marta, *no te he dicho que si creyeres, verás la gloria de Dios*.

Una mente disciplinada

Uno de los secretos para alcanzar lo que hemos perdido es tener una mente disciplinada, sometida a Cristo. Cristo nos instruye a seguir los principios bíblicos. Él sabe que la falta de conocimiento nos roba el potencial que hay en nosotros.

Dios conoce el potencial de cada persona, Él no es ingrato. Dios no hace las cosas para lastimarlo, para reírse de usted o para verlo fracasar. ¡Dios hace las cosas para que tenga éxito!

En la parábola de los talentos, a uno le entregaron cinco talentos porque podía cargar con ellos, además podía multiplicarlos a diez. A otro le entregaron tres porque Dios sabía que podía multiplicarlo a seis. Y al último le dio tan solo uno porque sabía que no iba a hacer absolutamente nada con él.

Uno de los principios que aprendemos de esta parábola de los talentos es que probablemente el último siervo podía haber desarrollado su potencial de manera tal que obtuviera dos talentos, pero como era temeroso... no lo hizo. Recuerde, el temor es una emoción.

A veces nos encontramos en las mismas circunstancias que este último. Pero, qué va a pasar cuando venga el Señor de la mies y nos reclame diciendo: «¿Qué hiciste con lo tuyo?»

Si Dios le dio a esa persona un talento es porque seguramente tenía el potencial para desarrollarlo, pero esta se guió por sus emociones y el temor lo había dominado. El resultado fue el no haber hecho absolutamente nada. Uno de los mayores problemas de los cristianos es que tenemos mucho potencial, habilidades, ciertos talentos, ciertas gracias divinas. ¡Intentamos avanzar pero nos detenemos en un cierto nivel por el temor!

Dios quiere usarnos para realizar grandes cosas, darnos un ministerio para que su nombre sea glorificado, *porque en esto es glorificado nuestro Padre, en que otros puedan ver las buenas obras que tú haces o las virtudes que de ti salen para glorificar al Señor y por lo cual Él es glorificado en el cielo.*

Cuando Dios le da un ministerio, comienzan a surgir oportunidades; Él quiere bendecirlo pero usted mismo lo limita. Cada vez que desea darle ímpetu a su ministerio, ese potencial que se quiere desarrollar se golpea con ese límite que usted le ha impuesto y rebota, no pasa más de allí.

Por ejemplo, muchos pastores en Estados Unidos tienen congregaciones pequeñas. Esto no quiere decir que aquellos que tienen iglesias con más asistentes son más inteligentes, más espirituales, o que estudian más la Biblia. Aunque todas esas cosas son importantes, ninguna de ellas, ni siquiera todas juntas, son necesariamente la razón de tener más o menos miembros en una iglesia.

Alguien dijo: «Dale una iglesia de mil personas a un pastor que solamente puede pastorear cien y reducirá el grupo de mil a cien personas». Ese pastor no puede tener mil personas, porque tiene un «techo límite» que no se ha levantado más de ese nivel, ahí se ha quedado.

Si una mente disciplinada es educada conforme a los principios del Señor puede desarrollarse. ¡Así lo prometió el Señor! *Para el que cree* (la Palabra) *nada es imposible*. Cuando la mente espiritual se desarrolla en Cristo, ese «techo límite» se comienza a levantar. Hay capacidad para ese nuevo ministerio; hay capacidad para más talento, para más gracia, para más virtud. Pero, si usted no desarrolla su potencial como cristiano, conforme a lo que Dios le ha dado y si continúa guiándose por las emociones y por los sentimientos humanos, ahí se va a quedar, ese será siempre su límite. Aunque Dios quiera bendecirlo, quiera darle un ministerio, no podrá, porque ese techo estará siempre limitando su potencial.

Interpretemos estas palabras del apóstol Pedro, tomadas de su segunda epístola: «Como todas las cosas que pertenecen a la vida y a la piedad nos han sido *dadas* por su divino poder», no obtuvimos lo que tenemos por nuestros méritos. Todo nos fue dado por Dios, «mediante el conocimiento de aquel». ¿Por qué recibimos estas cosas? Porque conocemos a aquel, «que nos llamó por su gloria y excelencia, por medio de las cuales nos ha dado preciosas y grandísimas promesas».

Dios no le dará promesas si sabe que usted no las puede recibir y que Él no las va a cumplir en su vida. Si Dios dice: «Te quiero bendecir», así es. Si usted no ha recibido la bendición del Señor es porque usted la está limitando.

Cuando nos dedicamos a las cosas de Dios no hay límite. Observe, (nos ha dado) «promesas, para que por ellas llegaseis a ser participantes de la naturaleza divina». Al ser nuevas criaturas en Cristo, tenemos su mente. Debemos desarrollar esa mente conforme a los principios bíblicos.

Pedro sigue diciendo: «Vosotros también, poniendo toda diligencia por esto mismo, añadid a vuestra fe virtud». La fe es un regalo gratuito de Dios. Usted solo no puede desarrollar la fe, no importa si ayuna cuarenta días y cuarenta noches; se morirá de hambre y la fe no aumentará.

La fe es un don que Dios da por gracia, por amor. Pero cuando recibimos a Cristo Jesús en nuestro corazón, sumado a eso viene una medida de fe. Dios le regala fe en su nuevo nacimiento. Ahora, ni usted ni yo debemos quedarnos con la misma medida de fe que hemos recibido. En una semilla de fe recibida está escondida toda una vida de victoria y un ministerio de grandes milagros, prodigios y maravillas para la honra y la gloria del Señor.

Cada uno de nosotros comenzamos con la misma medida de fe. Usted no tiene más que yo, ni yo más que usted. La diferencia está en lo que hacemos con esa semilla que recibimos. Algunos nunca la siembran, para cosechar. ¡Todo el potencial de Dios para su vida está escondido en esa semilla!

Algunos trabajan duro para que esa semilla brote, crezca y sea todo lo que debe ser. «Añadid a vuestra fe virtud, a la virtud, conocimiento; al conocimiento, dominio propio (control de las emociones); al dominio propio, paciencia; a la paciencia, piedad; a la piedad, afecto fraternal; y al afecto fraternal, amor» (2 Pedro 1.3-7).

Comenzamos con fe y terminamos con amor ágape, que es poner en práctica el amor divino, ¡vivir lo de Dios! Pero... no podemos poner en práctica el amor divino sin el nuevo nacimiento. No sabríamos ni tan siquiera perdonar.

Si todavía no puede relajarse y descansar en los brazos del Señor porque aún quiere controlar las cosas por medio de sus emociones; si aún no puede aceptar el hecho de que Dios cumple sus promesas, porque todavía usted quiere manipular la obra de Dios, debe pedirle a Dios que le de ese nuevo nacimiento. Pedro nos indica el camino hacia la perfección del discípulo: ir desde la fe al amor perfecto.

Los misterios revelados a una mente disciplinada

Los grandes misterios divinos son revelados a aquellos que tienen una mente disciplinada sujeta a la mente de Cristo.

Cristo dijo: «A vosotros os es dado saber los misterios del Reino de los cielos» (Mateo 13.11).

Por ejemplo, una tremenda profecía para el rey Nabucodonosor en el segundo capítulo del libro de Daniel, sacudió la vida de muchos hombres de ese tiempo. El rey tuvo un sueño y quería que alguien lo interpretara aun sin él haberlo contado. Entre muchos adivinos, magos y astrólogos que fueron llamados, ninguno supo el sueño ni tampoco su interpretación.

Al enterarse de esto Daniel fue a su casa, pidió oración a sus compañeros y luego el secreto divino le fue revelado en visión nocturna.

El Profeta agradecido por la revelación recibida alabó a Dios diciendo: «Sea bendito el nombre de Dios de siglos en siglos, porque suyos son el poder y la sabiduría. Él muda los tiempos y las edades; quita reyes, y pone reyes; da la sabiduría a los sabios, y la ciencia a los entendidos» (Daniel 2.20,21).

Solamente Daniel pudo revelar el sueño y explicar su significado porque estaba conectado con Dios. Al presentarse frente al rey, le dijo: «El misterio que el rey demanda, ni sabios, ni astrólogos, ni magos, ni adivinos lo pueden revelar al rey. Pero hay un Dios en los cielos, el cual revela los misterios, y Él ha hecho saber al rey Nabucodonosor lo que ha de acontecer en los postreros días» (vv. 27,28). El sueño era una gran imagen, una estatua con cabeza de oro fino, el pecho y los brazos de plata, el estómago y los muslos de bronce, las piernas de hierro, los pies mezclados entre barro cocido y hierro.

Daniel interpretó el sueño de esta manera: La cabeza de oro era este mismo rey poderoso y rico. «Después de ti se levantará otro reino inferior al tuyo; y luego un tercer reino de bronce, el cual dominará sobre toda la tierra. Y el cuarto reino será fuerte como el hierro: y como el hierro desmenuza y rompe todas las cosas, desmenuzará y quebrantará todo. Y lo que viste de los pies y los dedos, en parte de barro cocido de alfarero y en parte de hierro, será un reino dividido; más habrá en él algo de la fuerza del hierro, así como viste hierro mezclado con barro cocido ... En los días de estos reyes el Dios del cielo levantará un reino que no será jamás destruido, ni será el reino dejado a otro pueblo; desmenuzará y consumirá a todos estos reinos, pero él permanecerá para siempre, de la manera que viste que del monte fue cortada una piedra, no con mano, la cual desmenuzó el hierro, el bronce, el barro, la plata y el oro» (Daniel 2.39-41,44,45).

El hombre natural es poderoso en sus habilidades y potenciales. A través del tiempo ha aprendido a desarrollarlos aún más. Lo que en cientos de años no se había logrado entre los seres humanos, se alcanzó en los últimos cien años.

Los libros de ciencias exponen los nuevos descubrimientos y los inventos. Un tiempo de grandes hallazgos se ha iniciado. Aquellos ejemplares que estudiamos hace algunos años, ya son viejos, esa información está desactualizada. Todos estos adelantos hablan de la habilidad del ser humano pues Dios nos ha dotado de un increíble cerebro.

Sin embargo, el mensaje que el Señor quiere darnos en esa visión es que aunque el hombre tiene todo el poder, las aptitudes y las riquezas, solo puede llegar hasta ciertos límites.

La piedra cortada del monte era relativamente pequeña comparándola con la estatua que luego destruyó. Esa misma piedra crece y continúa haciéndolo. Esa piedra representaba a la Iglesia de Jesucristo.

En los 2000 años de historia, desde que Cristo apareció sobre la faz de la tierra, tanto la Iglesia como los cristianos, no han cesado de crecer. Muchos reinos poderosos han surgido desde los tiempos de Daniel. Algunos de ellos conquistaron el mundo entero: los medo-persas, los griegos, y después los romanos. Aún hoy estudiamos lo que esos hombres hicieron, pero después de ellos, otros hombres y otros reinos se han levantado. Todos han terminado, sin embargo el Reino de Cristo nunca acabará.

La historia misma es la que nos refleja esta verdad: el Reino de Dios no tiene límites. Nada puede detenerlo.

¡Usted y yo somos parte de ese Reino! Desde que recibimos a Jesucristo como Señor y Salvador de nuestras vidas tenemos una mente renovada. Antes de conocerlo, nuestra mente estaba llena de tinieblas y de muerte; era una mente limitada, y con esa mente no podemos conocer a Dios. Por esa razón Él nos da un nuevo nacimiento y con ello, una mente transformada.

Una mente transformada no tiene límites

Una mente disciplinada, sometida a Cristo, no tiene límites. Dios nos ha formado de manera tal que podamos crecer y ser como Cristo Jesús. Los únicos límites los ponemos nosotros.

El apóstol Pablo dice en la carta a los Efesios: «Y aquel que es poderoso, para hacer todas las cosas mucho más abundante de lo que pedimos o *entendemos*, según el poder que actúa en nosotros» (Efesios 3.20, énfasis añadido).

Nuestra habilidad para pensar o imaginar es muy limitada, somos criaturas de tiempo y espacio. ¡Hay muchas cosas que aún no llegamos a imaginar! Observe el siguiente pasaje: «¡Oh profundidad de las riquezas de la sabiduría y de la ciencia de Dios! ... ¿Quién entendió la mente del Señor?» (Romanos 11.33,34).

El Señor dice que nuestras buenas obras se ven para que nuestro Padre sea glorificado. Son virtudes dispensadas a nosotros por medio del nuevo nacimiento. Lo que sale de nosotros refleja lo que en realidad somos en Él.

Pero ahora quizás usted esté pensando que esto suena como «Nueva Era». O quizás está pensando que esto no es lógico, que no puede ser así. Déjeme ilustrarlo con el testimonio de la ya famosa Joni Erickson.

Esta jovencita de 19 años de edad, practicaba el clavado como disciplina deportiva. Sufrió un accidente al lanzarse a la piscina creyendo que existía la cantidad de agua correcta para el clavado, sin embargo apenas había un metro de profundidad. Como resultado del impacto se quebró el cuello y se lesionó la columna vertebral quedando totalmente paralizada.

Sí, era una joven cristiana pero a esta temprana edad, cómo puede entender que a pesar de su condición hay un potencial en ella que Dios quiere desarrollar. Pasó largos meses luchando con su mente y aun con su Dios. Su queja se transformaba en preguntas tales como: «Dios, ¿cómo puedes haber permitido tal cosa? ¿Dónde estabas cuando más te necesitaba? ¿Cómo es posible que yo, una joven de 19 años, con una vida que apenas comienza a florecer, pueda encontrarme en una condición tal? ¿Por qué no me sanas?» Y muchas más.

Con sus propias palabras nos dice que cuando finalmente se entregó a la voluntad de Dios diciéndole: «Aunque no entiendo porqué permitiste tal cosa, estoy dispuesta a someterme a tu voluntad», Él comenzó a revelarle qué es lo que podía hacer con ella y a través de ella, aun bajo su condición física.

Pasó de ver su incapacidad a ver su potencial

Lo primero que sucedió fue rendir su voluntad a la de Dios, o sea, de una mente natural a una mente transformada. De pronto la vemos aprendiendo a escribir con el lápiz en su boca, a pintar con la pluma en su boca (hermoso arte). Y más adelante la vemos predicándole a los incapacitados y animándolos a que no limiten su potencial. Ahora ha formado una organización mundial para proveer sillas de ruedas a miles de incapacitados alrededor del mundo que no la tienen. Dios la está usando para retarnos a todos nosotros con un mensaje desafiante de lo que Dios puede hacer con uno que no ve sus límites sino más bien su potencial.

«No os conforméis a este siglo, sino transformaos por medio de la renovación de vuestro entendimiento» (Romanos 12.2).

Con entendimiento divino podemos analizar, poner a prueba y saber cuál es la buena voluntad de Dios. ¡Esto no lo podemos hacer con una mente carnal! No podemos conocer la voluntad de Dios, a menos que tengamos una mente sujeta a la mente de Cristo, es decir una mente renovada. Esto únicamente se logra a través del nuevo nacimiento. Esa es la única forma de vislumbrar la buena voluntad de Dios. Al conocerla y seguirla, crece y desarrolla todo ese potencial que está en nosotros.

La historia de la sanidad del joven endemoniado nos ayudará a entender un principio bíblico. El padre le dijo a Jesús: «Maestro, traje a ti mi hijo, que tiene un espíritu mudo» (Marcos 9.17).

Desde niño el muchacho sufría este mal. «Muchas veces (Satanás) le echa en el fuego y en el agua, para matarle; pero si puedes hacer algo, ten misericordia de nosotros, y ayúdanos» (v. 22). En el siguiente versículo Jesús reveló un principio que nunca debería apartarse del cristiano para ser aplicado en todo momento y en todo tiempo, porque es una ley del Reino: «Si puedes creer, al que cree todo le es posible» (v. 23).

¡Una mente renovada que forma parte del Reino no tiene límites! Si podemos creer, no hay límites para nosotros. Pero para creer se necesita información. Este padre primero creyó que su hijo podía ser libre por lo que escuchó y luego por lo que vio.

La gente comenzó a creer en los milagros de nuestro Señor Jesucristo porque les llegó información que había una persona que hacía milagros y maravillas. Es difícil creer, si no hay información. Todo lo que necesitamos conocer, saber y entender está en su bendita Palabra, porque *la fe viene por el oír, y el oír, la Palabra de Dios*.

El Señor nos dice: «Si tú puedes creer la información que te doy, con una mente transformada podrás recibir todo lo que en esta tierra pareciera imposible». No vea limitaciones, vea la obra poderosa del Señor.

Los discípulos que estaban con el Señor, le preguntaron: «¿Por qué les hablas por parábolas? Él respondiendo les dijo: «Porque a vosotros (incluya su nombre aquí), os es dado saber los misterios del Reino de los cielos; más a ellos (los que no tienen la mente renovada, los que no han recibido la información para poder recibir la fe necesaria para aceptar la verdad de la revelación y que su mente sea transformada y renovada) no les es dado» (Mateo 13.10,11).

Si usted tiene una mente renovada y disciplinada, Dios le otorga el privilegio de conocer los misterios escondidos desde antes de la fundación del mundo.

Una mente transformada, es aquella que conoce las enseñanzas de Dios, acepta y cree las verdades, los principios y las leyes del Señor. Esa mente no tiene límite porque es parte de toda la obra que el Señor está haciendo.

El reino de Satanás por mayor que sea va a terminar. La gente del mundo que no conoce a Dios dice: «¡Satanás es poderoso!» Hasta los cristianos muchas veces se asustan de ese poder. Satanás es muy sabio, muy mañoso, hace y deshace a gusto, pero... su reino terminará. El reino del hombre también terminará, sin embargo el Reino de Dios no tiene límite, y nunca tendrá fin.

La gente que no es creyente ve el problema, pero usted ve a Dios en el problema. Para los demás el mundo se está deshaciendo, pero usted ve la mano de Dios obrando. Aprenda a obrar dentro del Reino, y comenzará a conocer el poder de la oración. Por medio de ella podemos lograr grandes cosas en el Señor. Cuando aprendemos a cumplir las leyes del Reino, desarrollamos el potencial que está en nosotros.

La participación del discípulo

Dios no hace nada en nuestra vida sin darnos la oportunidad de participar; porque si no tenemos responsabilidad no crecemos. Si no participamos, no nos desarrollamos. Sería muy cómodo quedarnos en el nido y que siempre Dios venga a alimentarnos. Pero llega el momento, cuando nos dice: «Es tiempo de salir del nido. Es tiempo de volar».

Las leyes divinas están formadas por dos partes, una depende de Dios y la otra, de usted. Dios siempre espera que hagamos nuestra parte. Todo lo que hasta aquí tratamos es muy positivo, pero... si no lo ponemos en práctica, no nos desarrollaremos ni creceremos.

Como todas las cosas que pertenecen a la vida y a la piedad nos han sido dadas por su poder, mediante el conocimiento de aquel que nos llamó por su gloria y excelencia.

2 Pedro 1.3

Todas las cosas que pertenecen a la vida y a la piedad las hemos recibido mediante el conocimiento por el nuevo nacimiento en Cristo Jesús. «Por medio de las cuales nos ha dado (tiempo pasado) preciosas y grandísimas promesas, para que por ellas llegaseis a ser participantes de la naturaleza divina» (v. 4).

Por lo tanto, para tener acceso a una mente transformada debemos ser partícipes de la naturaleza divina.

El apóstol Pedro en su primera epístola, capítulo 2, versículo 1 en adelante, nos da algunas indicaciones a seguir. Observemos tres palabras claves que hemos enfatizado:

«*Desechando*, pues, toda malicia, todo engaño, hipocresía, envidias, y todas las detracciones». Pedro llama detracciones a las cosas que nos pueden desviar del camino de Dios.

La primera palabra clave es: *desechar*. Debemos deshacernos de todo lo que pueda estorbar o desviar el camino de madurez espiritual; si así lo hacemos, veremos desarrollar el potencial de Dios en nuestras vidas, de tal forma que seremos un instrumento de justicia en sus manos.

Hace algún tiempo fui con mi esposa a un banquete de reconocimiento a los ministerios por sus años de respetada trayectoria. Luego del inicio del encuentro entró una pareja de conocidos ministros e inmediatamente todo el mundo los observó; lo triste fue que no los miraban diciendo palabras de elogio, como por ejemplo: «¡Qué linda pareja!» o «¡Qué bien se ven!», sino todo lo contrario. Él era un hombre alto y ella más bien baja; pero los dos traían abrigos de piel, que indudablemente le habrían costado mucho dinero. Ambos caminaban con un aire de soberbia por el pasillo hasta que llegaron a sus respectivas ubicaciones. Yo pensé: «¡Pobrecitos! Tal vez prediquen en televisión o hablen por radio, pero no han madurado y tienen una capa emocional humana que aunque Dios quiera realmente usarlos como instrumento de justicia, no puede».

El apóstol Pedro dice que debemos desechar esas cosas porque detienen nuestro crecimiento y nos desvían. Las detracciones se apoderan de nuestro tiempo, de nuestra energía y no permiten que lo espiritual y lo divino se desarrolle en nosotros.

De aquí en adelante, no viva como antes lo hacía; no sea envidioso; si usted se caracterizaba por la malicia, el engaño, la hipocresía, la envidia, deseche todo eso de su vida.

«*Desead*, como niños recién nacidos, la leche espiritual no adulterada, para que por ella crezcáis para salvación, si es que habéis gustado la benignidad del Señor».

La segunda palabra clave es: *desear*. Si ha sido tocado por la gracia del Señor debe desear crecer en el Señor.

El deseo de alimentarse es innato en el niño. Si la criatura no recibe alimento, sabe que algo le falta, y dentro de él algo le dice: «Tienes que llorar, tienes que gritar, tienes que pedir, porque tú lo necesitas; si no tienes esto en tu cuerpo, no vas a crecer, no te vas a desarrollar». La criatura aprende que en él hay un potencial enorme, es una persona. De igual manera son las cosas del Señor. Debemos desear como una criatura la leche espiritual de la Palabra de Dios, pero si usted no la desea, no la obtendrá.

«*Acercándoos* a Él, piedra viva, desechada ciertamente por los hombres, mas para Dios escogida y preciosa, vosotros también, como piedras vivas, sed edificados como casa espiritual y sacerdocio santo, para ofrecer sacrificios espirituales aceptables a Dios por medio de Jesucristo».

La tercera palabra clave es: *acercar*. Pedro nos está diciendo que debe haber participación de nuestra parte.

Cristo ha hecho de cada uno de nosotros algo especial, una criatura nueva, con un gran potencial para desarrollar. Somos llamados a ser como Él es. No tenemos solamente la responsabilidad, sino también el privilegio de acercarnos a Él y ser piedras vivas, ser edificados como casa espiritual.

Debemos dejar de tratar de hacer grandes logros por medios humanos, porque somos llamados a hacer grandes cosas por medios espirituales.

¡Desafíe su vida y acéptelo!

El potencial del discípulo

Pedro no dijo solamente que desecháramos lo malo y deseáramos el alimento que viene de Dios, también dijo que debemos acercarnos a lo que Dios tiene provisto para nosotros.

El mismo apóstol nos ayuda a entender también cuál es el potencial del discípulo. Lo vemos en 1 Pedro 2.9 (énfasis añadido):

«Mas vosotros *sois* linaje escogido, real sacerdocio, nación santa, pueblo adquirido por Dios, para que anunciéis las virtudes de aquel que os llamó de las tinieblas a su luz admirable».

Por medio de la palabra «sois», podemos entender que ya somos. Dios ya hizo una obra maravillosa en nuestra vida, eso quedó en mí y en usted, ahora debemos hacerla crecer.

Somos, por el llamamiento del Señor, por su obra en nosotros, por el nuevo nacimiento, «linaje escogido», «real sacerdocio», «nación santa», «pueblo adquirido por Dios». Cada una de estas expresiones describen un potencial increíble en nosotros. Ellas hablan de que en nosotros hay un llamamiento glorioso que Dios ha depositado. Ya «somos», todo lo que tenemos que hacer es desarrollarlo y aumentarlo.

El ser humano, en su naturaleza adámica tiene muchas limitaciones; pero la nueva criatura espiritual no las tiene.

Los ángeles están aquí y en un instante desaparecen y están en otra parte; no tienen límite en tiempo y espacio. Ellos son mucho más inteligentes que nosotros, mucho más poderosos, porque son seres netamente espirituales.

El potencial depositado por Dios en nosotros hará que todo lo que nos rodea tome las dimensiones que tiene nuestra capacidad. Cristo, en la parábola de los talentos, dijo: «Le dio ... a cada uno conforme a su capacidad» (Mateo 25.15).

El Señor sabe con cuánto usted puede. El siervo que guardó el talento habrá pensado: «Prefiero quedarme con mi capacitación». De esa forma perdió la oportunidad de tener dos talentos y de honrar y glorificar a Dios. Él mismo se privó de tener la posibilidad de haberlo multiplicado.

El principio es: «Al que tiene se le dará más y al que no tiene se le quitará lo que tiene». Si usted no lo quiere, se le quitará y se lo dará a otro, porque Dios conoce su corazón.

Veamos este ejemplo: Su familia está formada por tres niños hermosos, y ustedes están conformes. Ustedes tienen capacidad para acomodar solo tres niños. Pero, un día, usted se pone de acuerdo con su cónyuge y piensan en tener otro hijo. En ese momento crece en ustedes el potencial. La capacidad aumenta para poder aceptar a otra criatura; el corazón se ensancha con más amor, con más cariño, y nacen más virtudes para poder recibir a otro hijo. Pero, si la pareja no hubiera hablado sobre el tema, si no hubiesen llegado a un acuerdo, ese corazón hubiera sido lo suficientemente grande para tres criaturas y ninguna más.

Pero, ¿qué sucede en la casa? Comienzan a arreglar el cuartito, a tirar la pared para hacerlo más ancho, a traer otra camita, a comprar más ropita; es decir, ya ensancharon el potencial para tener otra criatura y lo hacen antes de que el niño nazca.

Por otro lado, hay personas que nacen incapacitadas y quizás estén sujetos a una silla de ruedas o a una cama durante toda la vida.

Conocí a un muchacho que nació sin brazos. Si lo hubiésemos visto al nacer hubiéramos pensado, ¿cómo va a comer este niño? Alguien le dará de comer el resto de su vida. Pero este niño, desde una edad muy temprana, comenzó a aceptar la idea de que realmente no estaba capacitado para hacer algunas cosas. Para nosotros, él tenía una capacidad limitada que lo detendría a esperar que alguien siempre le diera de comer. Pero él no actuó de esa manera; no vio el límite donde nosotros lo vimos. Él aprendió a comer, a escribir y a manejar un coche con sus pies. Él se viste con sus pies; toca la guitarra con sus pies. Este joven no se puso límites; se los quitó.

Joni Erickson dibuja muy bonito con un lápiz en la boca utilizando los movimientos de su cabeza para poder lograrlo. Entonces nos preguntamos, ¿dónde está la limitación?

Si tenemos la mente de Cristo, y la estamos educando con principios eternos, ya no debemos movernos de acuerdo a los principios de esta tierra, sino debemos ser transformados por la renovación de nuestro entendimiento y eso se logra a través de los principios eternos que Dios nos ha declarado.

El problema es que estamos tan acostumbrados a aceptar nuestras limitaciones, la mentalidad de pobreza, el «no puedo», «no soy nada» o «soy una basura», que nosotros mismos nos robamos las grandes y gloriosas bendiciones que Dios ha preparado para nosotros. Él quiere que seamos bendición, que seamos un ejemplo para que Él sea glorificado.

Remueva ese límite, ese techo que usted mismo se ha puesto, no acepte lo que el diablo mentiroso le ha dicho. No acepte lo que su cultura le ha metido en la cabeza. El mensaje del Señor es: «Sois linaje escogido». Una raza escogida, creada según Cristo. Somos una raza escogida por Él mismo de entre toda la raza humana. Aun sabiendo esto, muchas veces caminamos como niños, lamentándonos, sintiéndonos tristes por lo que somos y no nos acordamos que Dios nos escogió.

«Somos real sacerdocio», una asignación divina como Cristo mismo. Pertenecemos al linaje de Cristo en cuanto al sacerdocio real, de una sangre única, pura, la sangre de Cristo Jesús. ¡No se deje convencer por el diablo! ¡No se deje engañar por sus propias mentiras! ¡Crea lo que está leyendo en la Palabra!

«Somos nación santa», un pueblo con nombre de Dios, bajo un solo gobierno, el de Dios. Nación santa, apartada para Él, con su vida.

«Somos pueblo adquirido». Hay un pueblo único y pertenecemos a él. Usted y yo somos la Nueva Jerusalén. Un día, no muy lejano, este universo brillará por la luz de esa Nueva Jerusalén que ya está en usted y en mí. Somos pueblo adquirido, comprado con precio de sangre por el Redentor. Dios pagó un precio muy alto para hacer en usted lo que Él dice que es, y usted todavía se quiere limitar a ser alguien que Dios nunca intentó que fuera. Dice la Biblia que el único trabajo de Adán y Eva era enseñorearse y ponerle nombres a todos los animales. El potencial que se estaba desarrollando en Adán era increíble. Él era el primero de la Creación, era el príncipe de todo lo creado, era el exquisito de Dios. Dios se gozaba en Adán, eran compañeros y caminaban juntos todos los días en el hermoso jardín. Pero este hombre cayó en pecado y con él toda la raza humana y se perdió todo el potencial. Pero ahora, Dios ha hecho una obra nueva y usted es parte de ella. Él está restablecido todo aquello que estaba en el Jardín del Edén. ¡No se limite! *¡No se quite lo que Dios le ha dado!*

Estas cuatro descripciones nos demuestran que somos seleccionados por el ojo divino de Dios. No por nuestros méritos, sino por los de Cristo. Dios no nos escogió porque somos buenos, ni porque merecemos su bendición. Él nos escogió con su ojo divino por los méritos de su Hijo, Jesucristo.

Somos un pueblo con las virtudes de Dios

Todas las virtudes de Dios deben fluir a través de nuestra vida para ser de bendición a todos los que nos rodean. Somos únicos, los favoritos. Dios nos ha puesto en un lugar para realizar ciertas obras, con ciertos propósitos divinos que ha tenido escondidos en Él desde antes de la fundación del mundo. Este propósito es anunciar sus virtudes.

> *Vosotros que en otro tiempo no erais pueblo, pero que ahora sois pueblo de Dios; que en otro tiempo no habíais alcanzado misericordia, pero ahora habéis alcanzado misericordia.*
>
> 1 Pedro 2.10

Antes no éramos pueblo, no éramos nada, pero ahora nos dice «sois pueblo de Dios». Tenemos una identidad, un nombre: el Nombre de Dios. ¡¿Cómo es entonces que no podemos comprender el potencial enorme que está en nosotros?! ¡¿Cómo es que nos conformamos con cualquier cosa?!

Debemos educar nuestra mente de un modo diferente, siempre tenga presente el texto de 2 Pedro 2.9, le ayudará a aceptar y comprender lo que realmente es. Entonces, ese techo que lo limita será levantado. Luego, Dios podrá hacer mucho más en y a través de usted. ¡No se conforme con un solo don, pídale dos!

El propósito de Dios en el discípulo

> *Sed todos de un mismo sentir, compasivos, amándoos fraternalmente, misericordiosos, amigables; no devolviendo mal por mal, ni maldición por maldición, sino por el contrario, bendiciendo, sabiendo que fuisteis llamados para que heredaseis bendición.*
>
> 1 Pedro 3.8,9

¿Por qué estamos siempre enfrentando problemas, sin trabajo, sin dinero, enfermos? ¿Por qué siempre tenemos una mente negativa? ¿Qué nos sucede? La Palabra nos dice que fuimos llamados a heredar bendición.

Cuando me convertí estaba seguro de que Dios tenía ojos azules, pelo rubio y hablaba inglés. La razón era que yo veía a los norteamericanos bendecidos y a nosotros, los latinos, mal. Nuestros templos eran chiquitos. Los pianos casi no funcionaban. Cada uno de los que se sentaban en los bancos debía tener mucho cuidado de que no se rompieran. Nunca podíamos pagarle al pastor un salario bueno. Entonces yo decía: «Dios hace acepción de personas. Él debe tener el pelo rubio, ojos azules y hablar inglés, porque solamente los bendice a ellos».

La Palabra nos exhorta a disciplinar nuestra mente, a no pensar mal, sino a pensar como Cristo.

Dios dice que *fuisteis llamados para que heredaseis bendición*. El primer propósito de Dios es que seamos bendición. Somos bendecidos para llevar bendición. Si nuestra mente está sometida a Cristo, no va a hacer el mal sino que practicará el bien.

Si usted ha recibido a Cristo como Señor y Salvador y sigue su Palabra, usted es transformado en una persona justa. ¡Dios nos justificó!

Justificados, pues, por la fe, tenemos paz para con Dios por medio de nuestro Señor Jesucristo.

Romanos 5.1

Porque: El que quiere amar la vida y ver días buenos, refrene su lengua de mal, y sus labios no hablen engaño. Apártese del mal, y haga el bien; busque la paz, y síguela. Porque los ojos del Señor están sobre los justos ... Pero el rostro del Señor está contra aquellos que hacen el mal. ¿Y quién es aquel que os podrá hacer daño, si vosotros seguís el bien?

1 Pedro 3.10-13 (énfasis añadido)

Ni el mismo diablo puede tocar su morada, no puede tocar sus finanzas, el trabajo, ni siquiera el cuerpo. No puede hacer nada contra usted, a menos que Dios lo permita. Si así fuera, ¿cuántos saben que es para su bien? «Porque todas las cosas obran para bien, para aquellos que son llamados conforme a su propósito».

> *Mas también si alguna cosa padecéis por causa de la justicia, bienaventurados sois. Por tanto, no os amedrentéis por temor de ellos, ni os conturbéis, sino santificad a Dios el Señor en vuestros corazones, y estad siempre preparados para presentar defensa con mansedumbre y reverencia ante todo el que os demande razón de la esperanza que hay en vosotros.*
>
> 1 Pedro 3.14,15

Tal vez se burlen de usted, le van a decir: «estás loco», «eres un fanático». Pero usted les va a presentar razón del por qué cree como cree.

Secreto tres

El valor de su vida

Precio es lo que se paga; valor es lo que se recibe.
 Los valores verdaderos se prueban bajo la presión. Es la capacidad de soportar los golpes, las tensiones y la fatiga lo que prueba el carácter.

Los hispanos están acostumbrados a prestarle mucha atención a la suerte, a los astros, o a lo que dicen las cartas natales. Las cábalas forman parte de la vida hispana en todos los ámbitos: futbolísticos, artísticos y políticos. Todo esto marca una forma de pensar muy fuerte y pone de manifiesto la mentalidad de la persona.

Los síquicos y los brujos están teniendo hoy en día su época «de oro». Por medio de libros, periódicos, revistas y especialmente por medio de la televisión, engañan al pueblo ignorante e ingenuo con sus artimañas y les roban el dinero ofreciéndoles la mejor «de las suertes» para su vida.

¿Sabía usted que le entra más dinero a los síquicos por año que lo que algunos países latinoamericanos reciben en todo ese tiempo para su presupuesto? ¡Increíble! Pero esto denota la necesidad apremiante que existe en nuestro pueblo de educarlos correctamente con lo que Dios les ofrece sin pedirles un solo centavo.

Hay muchos que viven diariamente de acuerdo a lo que el horóscopo les dice que será su suerte en ese día.

Es más fácil creer la mentira que la verdad

Una de las revelaciones que sorprendió al mundo entero fue el hecho de que la señora Nancy Reagan, esposa del Presidente Ronald Reagan consultaba a una bruja para las grandes decisiones que supuestamente su esposo tenía que hacer (aunque él negó siempre haber recibido tales consejos de ella). Lo mismo se ha revelado de la esposa del presidente actual, Hillary Clinton. Esto nos deja pasmados ya que en ambos casos se supone que ellas son creyentes en el Señor.

Esa forma de pensar nació en el hombre luego de haber pecado en el Huerto del Edén. Desde ese entonces el pecado tiende a robarnos todo el potencial que Dios depositó en cada uno de nosotros. Y, por supuesto, como dejamos que él nos controle, ese pecado se desarrolló. Como consecuencia de ello, vivimos con esa mentalidad pesimista y negativa. *El mundo es víctima de una mentalidad controlada por el pecado.*

Uno de los secretos más importantes para que Cristo se desarrolle en nosotros, es desechar todas aquellas ideas que son parte de la vida pasada, y que ahora no nos pertenecen por ser hijos de Dios. Gran parte de los cristianos aún están gobernados por ese tipo de mentalidad y esa es la razón por la cual no desarrollan el potencial que en ellos hay.

Por ejemplo, Dios no necesita «super-evangelistas» o «super-pastores» si todos los miembros de la Iglesia desarrollaran su potencial en Cristo, porque todos somos llamados a ser ministros del Evangelio y siervos de Dios.

Por años hemos creído que el llamado de Dios es selectivo; para algunos sí y para otros no. Por esa razón nos hemos conformado con lo mínimo o con nada. ¡Amigo mío, esto no le agrada a Dios! Usted está perdiendo el derecho legal como heredero de lo que Dios le ha dado, primero porque es su hijo, y luego por la promesa de bendición que le hizo en Abraham. Usted es el heredero de las promesas de Dios, entonces deberá tomar de ellas para poder lograr y desarrollar todo lo que Cristo ha depositado en usted.

El secreto que trato en este capítulo, transformó radicalmente mi vida. Pensaba como muchos de ustedes que Dios no me podía querer porque había sido muy pecador. Creí que Dios nunca podría perdonarme. Inclusive, después que Dios llegó a mi vida, me cambió y me salvó, continué luchando por algunos años con esta idea: «No estaré seguro de mi salvación hasta que Cristo venga y me lleve a la gloria».

Después de convertido, continuaba pecando y pensaba: «Estoy bautizado, asistí a la escuela bíblica, al seminario y sin embargo he pecado. No creo que Dios pueda perdonarme». Día a día luchaba con esa imagen tan fuerte de nuestra naturaleza adámica que tiende a hacernos sentir que realmente no valemos mucho ante la presencia del Señor. Al ver a Dios tan santo, tan diferente a nosotros, creemos que Él realmente no debe querer relacionarse con nosotros.

Me he dado cuenta a través de varios años en la consejería, de que muchos también luchan con esa carga aún después de convertidos. Al comprender que en mí había un valor intrínseco, que yo era alguien especial para Dios, y que esa fue la causa por la cual Dios tuviera misericordia de mí y me salvara, mi mente se abrió a recibir una nueva dimensión. Más aún, a comprender que Dios mismo envió a su Hijo a la cruz del Calvario, no solamente a morir por el pecado de todo el mundo, sino a morir por mis propios pecados, me hizo cambiar. A partir de ahí entendí que poseía la bendición más grande de mi existencia.

Este secreto es para que usted lo reciba y lo afirme en su corazón de una vez y para siempre: «El valor de su persona causó que Cristo muriera por usted, por el gran amor a su vida». Estas no son solo palabras, es una declaración poderosísima que le traerá revelación al considerar quién es usted en Cristo Jesús.

El hombre frente al mundo

Filosóficamente se dice que el hombre es bueno por naturaleza. Este postulado se contradice con la Biblia que dice que el corazón del hombre es malo y que nadie lo puede conocer. Por ejemplo, ellos dicen que en su moralidad neutral, ni es malo ni es bueno. La moralidad es una reflexión de la condición del hombre en el contexto humano. O sea que nosotros mismos medimos quiénes somos, tomando como base la observación que hacemos los unos de los otros. Entonces decimos: «Moralmente esta cultura fue buena porque ejercitó un tipo de vida superior a la que nosotros estamos viviendo hoy». Podemos también decir que la condición moral de este país, hace cincuenta años era mejor de la que hoy estamos viviendo, porque la moral de estos tiempos ha descendido.

Nuestra visión sin embargo, no se limita únicamente a aquello que podemos entender en cuanto a nuestra manera de vivir y ser. Dios mismo dice que el hombre es malo, todo lo que es y todo lo que hace, lo arruina. La condición moral del hombre sin Cristo es mala y si vive en pecado continuará empeorando.

La filosofía también dice que el hombre está atravesando un constante proceso evolutivo, por lo tanto estamos desarrollándonos más y más como seres humanos en ese trayecto. Según ellos creen vamos hacia una auto-perfección.

Usted y yo sabemos que estamos viviendo peor de lo que vivió la gente hace cinco, seis o siete mil años atrás. Los registros de la historia del hombre indican que la condición humana va empeorando en lugar de ir hacia una perfección. El hombre no puede perfeccionarse a sí mismo. Un filósofo alemán dijo que «el hombre es el resultado de lo que come». Esa idea fue el origen de tantos libros que luego se escribirían. Otro filósofo, también alemán, dijo: «El hombre es un ser hasta la muerte y luego deja de ser».

Otros dijeron: «El hombre es una pasión que sirve para nada»; «Somos un accidente del cosmos, el resultado de una explosión que hubo un día y ahí comenzó la creación. Y que por el proceso de la evolución llegamos a ser lo que somos ahora».

Algunos otros dicen: «Somos el producto de un germen». También se ha dicho y estudiado que venimos del mono Chango.

Pero el salmista nos dice:

> ¡Oh Jehová, Señor nuestro, cuán glorioso es tu nombre en toda la tierra! Has puesto tu gloria sobre los cielos; de la boca de los niños y de los que maman, fundaste la fortaleza, a causa de tus enemigos, para hacer callar al enemigo y al vengativo. Cuando veo tus cielos, obra de tus dedos, la luna y las estrellas que tú formaste, digo: ¿Qué es el hombre, para que tengas de él memoria, y el hijo del hombre, para que lo visites? Le has hecho poco menor que los ángeles, y lo coronaste de gloria y de honra. Le hiciste señorear sobre las obras de tus manos; todo lo pusiste debajo de sus pies: ovejas y bueyes, todo ello, y asimismo las bestias del campo, las aves de los cielos y los peces del mar; todo cuanto pasa por los senderos del mar. ¡Oh Jehová, Señor nuestro, cuán grande es tu nombre en toda la tierra!
>
> Salmo 8

David comprende que el hombre es un ser muy especial y pregunta: *¿Qué es el hombre para que Dios esté con él y lo visite?*

El hombre frente a Dios: El valor de la creación

La Palabra del Señor nos dice que el hombre es mucho más de lo que los filósofos o la misma ciencia de hoy dicen. Si fuéramos el producto de un proceso de evolución y llegamos a ser lo que hoy somos porque de alguna manera insólita aparecimos, no creo que Jesús hubiera dejado su gloria para morir en la cruz del Calvario por nuestros pecados. No puedo aceptar el hecho de que para nosotros no hay un propósito en la vida.

Si nos negamos a creer que somos algo especial para Dios, entonces no hubo propósito alguno en la muerte de Cristo.

El salmista David nos dice que el hombre fue creado poco menor que los ángeles. En Génesis 2.3 leemos que el hombre fue la corona en el proceso de la creación.

Pero si el hombre no tiene un propósito, si al morir todo se acabó, entonces ¿con qué objetivo se creó el cielo y la tierra? ¿Para qué se crearon los animales? Si no hallamos el propósito por el cual existimos, todo el resto de la creación tampoco tendrá un propósito. Hasta el hombre más ateo tiene que aceptar esto: nada tiene propósito si el hombre no existe. ¡Dios hizo todo para nosotros!

Cuando Dios hizo al hombre dijo que era una creación buena. Así fue hasta que se descarrió y cayó. Pero ahora Cristo ha venido para buscar y salvar lo que se había perdido.

El hombre fue instruido por Dios mismo para reinar sobre criaturas terrenales (véase Génesis 1.26-30). Dios mismo le ordenó a subyugar la tierra y sus recursos para el bien de la humanidad. El hombre fue creado para ser como Dios: «Hagamos al hombre a nuestra imagen, conforme a nuestra semejanza» (Génesis 1.26).

La palabra «imagen» refleja algo del prototipo y según el diccionario es una representación. En este caso, nosotros reflejamos al prototipo que es Dios y somos una reflexión de Él. No somos Dios pero somos como una representación de Él; tenemos estampado en nosotros su imagen. Cada ser humano es una criatura que refleja la imagen de Dios.

Cada personalidad es distinta de otra, no hay dos iguales. El diccionario la define de la siguiente manera: Personalidad, diferencia individual que constituye a cada persona y la distingue de otra.

Entonces, reflexionemos juntos al respecto: Dios tiene personalidad; Él se manifiesta en la persona del Padre, del Hijo y del Espíritu Santo. Nosotros también tenemos personalidad. Dios tiene mente, nosotros tenemos mente, está incluida entre las expresiones del alma. Dios no muere, nosotros tenemos espíritu que no muere. Dios tiene voluntad, nosotros tenemos voluntad y propósito.

La primera pregunta que surge es: ¿Qué es el hombre? Somos imagen de Dios, diseño suyo. Dios creó al hombre con un propósito mayor que simplemente dar respuesta a la rebelión de Satanás y sus ángeles. Cuando aceptemos eso, lo creamos y lo vivamos día a día, le garantizo que esos pensamientos negativos y de baja autoestima no regresarán jamás. Debe darse cuenta de que realmente usted es muy importante en las manos del Señor.

El pecado nos ha afectado en forma tremenda, no hay parte de nuestra vida donde el pecado no nos haya perjudicado profundamente. Sus huellas nos marcan, hasta el punto de haber manchado y trastornado la imagen de Dios en nosotros.

Sin embargo, aún después de que hemos pecado, la imagen de Dios estampada en nosotros no desaparece. Todavía podemos ver su resplandeciente semblante en nosotros, aunque está ofuscada por la condición de pecado en que vivimos.

Al haber analizado y enfrentado el hecho de la creación del hombre y aceptar quiénes somos ante Dios, surge una nueva pregunta: ¿Qué sucede con el pecado del hombre? Romanos 3.23 dice claramente: «Por cuanto todos pecaron, y están destituidos (lejos) de la gloria de Dios».

Pero si el pecado nos ha afectado tanto, ¿será posible que todavía Dios nos ame? Sí, Dios nos ama de manera tal que nos proveyó de un plan de redención.

> *De modo que si alguno está en Cristo, nueva criatura es; las cosas viejas pasaron; he aquí todas son hechas nuevas. Y todo esto proviene de Dios, quien nos reconcilió consigo mismo por Cristo, y nos dio el ministerio de la reconciliación.*
> 2 Corintios 5.17,18

Dios mismo elaboró un plan de redención desde antes de la fundación del mundo para la reconciliación, y lo preparó obviamente porque hay algo especial en el hombre. Él desea que tengamos la oportunidad de recibir su alternativa para que lleguemos a ser el hombre y la mujer que intentó que fuéramos.

El plan de redención fue la respuesta de Dios frente al pecado. Él sabía que íbamos a pecar y que cometeríamos muchos errores. Él sabía que íbamos a ser hombres y mujeres con los que iba a tener que luchar diariamente para que viviéramos conforme a sus mandamientos. Pero aun así, sabiendo todo eso, Él nos amó con amor eterno y elaboró un plan de redención para poder rescatarnos. Por medio de este plan de redención fuimos redimidos, comprados, y hechos nuevas criaturas.

El poder de la redención

A través del poder de la redención todas las cosas son hechas nuevas por el amor de Dios. No hay nada más fuerte que el amor. ¡Dios es amor! No ama solamente, sino que su «esencia es amor». Como resultado, Él no puede más que manifestar amor. Ese amor es tan fuerte que el Señor le dice: «Yo te he amado con amor eterno, no te dejaré, ni te desampararé, ni te abandonaré». «El amor», dice 1 Corintios 13, «nunca deja de ser».

Sabemos también que Dios nos ama porque así lo expresa su Palabra:

> *Porque de tal manera amó Dios al mundo, que ha dado a su Hijo unigénito, para que todo aquel que en Él cree, no se pierda, más tenga vida eterna. Porque Dios no envió a su Hijo al mundo para condenar al mundo, sino para que el mundo sea salvo por Él.*
>
> Juan 3.16,17

Él nos amó y vino a morir por nosotros. Todos pecamos y heredamos el pecado de nuestros padres que ya venía con nosotros desde nuestro nacimiento. Nada hubiera podido liberarnos de la condenación del pecado si Cristo no hubiese venido a rescatarnos.

Ya no debemos luchar más con la idea de la falta de perdón, creyendo que no hay salvación para nosotros. No es así, el perdón continúa, la misericordia de Dios también, porque Cristo no vino a condenarnos sino a salvarnos.

Podemos ver claramente el cuadro de redención a través de la historia del Hijo Pródigo (véase Lucas 15). Cristo nos dio esa parábola, y creo que es la ilustración más clara acerca del amor de Dios hacia el ser humano. Muchas lecciones podemos sacar de esa hermosa historia cuya esencia es el amor del Padre por su hijo descarriado. Analicémosla.

Primero, el hijo lo representa a usted y a mi. El Padre representa a Dios. Segundo, el hijo demuestra a través de su rebelión lo que usted y yo hacemos en contra de nuestro Dios pero aun nuestro Padre nos da su ayuda y bendición. Tercero, el Padre salía a buscarlo, lo que denota la obra de Dios a favor de nosotros, sus hijos descarriados. Y por último, el hijo era perdonado aun antes de pedir perdón. ¡Ah, que gracia y que misericordia hay en Dios para con nosotros!

Además le pone un anillo que significa posesión de él, o sea, el hijo es del padre para siempre. El anillo lo identifica como hijo de este padre, miembro de su familia, con todos los derechos merecidos. Lo viste con ropas finas lo cual indica que es justificado o restaurado. Su rebelión ha sido perdonada y borrada, ahora solo se ven sus ropas nuevas. El Padre hace fiesta con el becerro más gordo para mostrar a todos que esta criatura es muy especial para Él.

Recuerde, Dios nos creó con sus propias manos haciendo el primer ser humano. Imagínese el amor que lo motivó a crearlo y luego darle el soplo de su propia vida para que fuera un alma viviente. Somos seres con vida de Dios. El pecado nos causó muerte espiritual, pero seguimos teniendo el soplo de vida de Dios mismo.

Regresemos a la historia

Cierto día el hijo rebelde se enfrentó a su padre y, al igual que el hombre ante Dios, se fue y se apartó de Él. Pero dice la Biblia que el padre nunca dejaba de esperar el regreso de su hijo. Notamos que él perdonó al hijo incluso antes de que se fuera. Su hijo era objeto de su amor y él seguía amándolo. Ese es el sentir de Dios hacia el hombre.

Esta es la respuesta a aquellos que dicen: ¿Podrá Dios seguir amándome? Aun cuando crea que no es digno de ser llamado «su hijo» porque volvió a pecar, porque cayó nuevamente en la trampa del enemigo, usted debe saber que Dios lo perdonará otra vez diciendo: *Yo te sigo recibiendo como mi hijo. Nunca más me acordaré de tus pecados y transgresiones* (véase Hebreos 10.17). Dios lo perdona y nunca más volverá a recordar lo que usted hizo.

Pero, ¿quién es el que nos acusa? Satanás es el que constantemente está acusándonos y sin embargo, Dios quiere perdonarnos, Él quiere restaurarnos.

En su carta a los romanos, el apóstol Pablo dice que: «Cuando el pecado abundó, sobreabundó la gracia» (véase Romanos 5.20). Y si Cristo espera que Pedro, un hombre con todas sus faltas y debilidades, aprenda a perdonar a su prójimo setenta veces siete, ¿cuánto más no nos perdonará nuestro Dios a nosotros (véase Mateo 18.21,22). Si un hombre, según Dios, lo puede hacer, claro está que también Él lo hará con nosotros. Dios no quiere condenarnos, Él quiere salvarnos.

Leemos en la Palabra: «Por gracia sois salvos» (Efesios 2.8). No fuimos salvos porque lo merecíamos, sino por gracia y amor. No quiero que el enemigo logre de alguna manera u otra engañarlo, confundirlo, o perturbar su mente para que llegue a la conclusión de que Dios no quiere o no puede perdonarlo porque no hay nada en usted de valor.

Si Dios vio algo en usted de valor, antes de que fuera salvo, imagínese ahora que Cristo está en su vida.

¿Qué es lo que nos hace tan valiosos al punto de que Dios nos perdone? «Somos hechura suya» (véase Efesios 2.10). Esa es la primera razón del porqué somos de gran estima para Dios. Usted no es un accidente del cosmos, no viene del mono. Usted es criatura de Dios, hechura de Dios. Dios mismo lo hizo.

Puedo imaginar cuánto usted ama a su hijo. Seguramente que entre todos los hijos del mundo el suyo es especial. Daría su vida por él, porque es su hijo, es hechura suya, usted mismo lo trajo al mundo. Su deseo es proveerle lo mejor a esa criatura suya.

La Biblia dice que si nosotros, siendo malos, sabemos amar y darles a nuestros hijos pan en lugar de serpientes; cuánto más nos dará Dios por su Santo Espíritu. Dios nos seguirá amando, protegiendo y guardando, para que lleguemos a ser todo lo que intentó que fuéramos.

De sus labios ya no deben salir confesiones negativas como: «A nadie le importa nada de mí» o, «nada de lo que hago vale». Esas mentiras vienen del mismo infierno, no vienen de la gloria. Dios está muy interesado en usted y desea que nunca se olvide de que Él lo hizo. Recuerde:

> *Y si invocáis por Padre aquel que sin acepción de personas juzga según la obra de cada uno, conducíos en temor todo el tiempo de vuestra peregrinación; sabiendo que fuisteis rescatados de vuestra vana manera de vivir, la cual recibisteis de vuestros padres, no con cosas corruptibles ... sino con la sangre preciosa de Cristo ... ya destinado desde antes de la fundación del mundo, pero manifestado en los postreros tiempos, por amor de vosotros.*
> 1 Pedro 1.17-20

> *Bendito sea el Dios y Padre de nuestro Señor Jesucristo, que nos bendijo con toda bendición espiritual en los lugares celestiales en Cristo, según nos escogió en Él antes de la fundación del mundo, para que fuésemos santos y sin mancha delante de Él, en amor habiéndonos predestinado para ser adoptados hijos suyos por medio de Jesucristo, según el puro afecto de su voluntad.*
> Efesios 1.3-5

Usted no es el preferido de Dios porque concurra más a la iglesia, o porque ore más... Simplemente Él lo ama porque lo hizo.

Secreto cuatro

Avance en el potencial de Dios

Lo más lejos que podamos avanzar es donde nos lleven nuestras rodillas.

A menudo los predicadores utilizamos en nuestros mensajes este tipo de frases: «Debemos avanzar en el potencial que tenemos en Dios». La palabra «potencial» significa facultad para ejecutar o producir. Esta capacidad puede desarrollarse en nuestras vidas si seguimos ciertos pasos que el Señor nos dio conforme a nuestra capacidad.

La palabra «capacitación» viene de raíces que declaran que se prepara a cierta persona o entidad para lograr determinados propósitos. Capacitar es dar esa preparación y por ende, esperar ciertos logros a través de ella.

Pero todavía hay algo más en esta palabra que la hace mucho más interesante. La palabra «capa» significa que hay un potencial pero con cierta «capa» o limitación. ¿De donde viene esa capa o limitación? ¿Del que da la capacitación o del que la está recibiendo? Veamos lo que dijo el Señor en Mateo 25.15: «A uno dio cinco talentos, y a otro dos, y a otro uno, a cada uno conforme a su *capacidad*» (cursivas añadidas). Esto indica que la «capa» la pone el recipiente.

En este libro, estamos tratando de ayudarle a levantar la «capa» para que haya más crecimiento y más desarrollo. Mientras esa «capa» se quede donde está, especialmente por la causa del pecado en su vida, todo el potencial que hay en usted se quedará sin desarrollo alguno. La «capa» está en su mente.

¿De donde viene? Del pecado, de su crianza, su cultura, y sobre todo, de sus experiencias. El pecado le dice: «Eres un fracaso, caíste de la gracia». Su cultura le dice: «Los hispanos estamos destinados a una vida de pobreza». Sus padres le criaron diciéndole que nunca llegaría a nada; usted es nada y seguirá siendo nada. Y al transcurso de los años parece ser que sus experiencias siguen reforzando lo que todo esto le ha dictado desde su niñez. Todo esto le ha puesto una «capa» que le dice todos los días: «No esperes mucho. Cuida lo poco que tienes y confórmate con ello».

Lo hemos observado en la Parábola de los Talentos (véase Mateo 25.14-30). Dios entregó cinco talentos al que tenía el potencial de diez porque sabía que él podía manejarlos. Al dárselos le dijo: «Ahora, ponte a trabajar». Dios sabía que él podía duplicar lo que le había sido entregado. Él sabe qué podemos hacer y hasta dónde llega nuestra capacidad. Si no hacemos nuestra parte, esa capacidad no se va a desarrollar.

El potencial en la vida de una persona es la posibilidad de llegar a tener cierto poder o autoridad. Si está en nosotros y no damos los pasos necesarios, nos robamos a nosotros mismos. Para Dios somos reyes y sacerdotes. El Rey es aquel que controla, que domina, que tiene poder y autoridad sobre todos sus dominios. Somos llamados por Dios a controlar, a tener el control de ciertas cosas de nuestra vida. Somos llamados a tener autoridad, pero tenemos que descubrir sobre qué cosas tenemos autoridad. También somos llamados a ser sacerdotes, tenemos el privilegio de servir. Pero, si no conocemos las Escrituras y su revelación divina, es difícil que sepamos cómo podemos estar en autoridad y al mismo tiempo, servir. Necesitamos primeramente conocer a Dios en intimidad.

Mi consejo es que lea su Palabra. Esta es una de las formas para conocer a Dios. De esta manera podemos conocer su naturaleza en espíritu, su esencia de amor, y por supuesto sus características divinas. Conocerlo a Él le ayudará a conocerse a usted mismo. Usted es hechura de Dios.

El potencial del hombre, en su esencia natural, se limita a sobrevivir, procrear y determinar. Estos son los tres potenciales que Dios puso en el hombre sencillamente por ser miembro de la raza humana. Al poseer libre albedrío, el ser humano puede realizar sus propias decisiones y ser responsable de sus acciones.

Esto no se compara con lo que Dios ha puesto en cada uno de los que han sido «llamados». El potencial del hombre de Dios es mucho más importante de lo que podemos imaginar.

Y a Aquel que es poderoso para hacer todas las cosas mucho más abundantemente de lo que pedimos o entendemos, según el poder que actúa en nosotros, a Él sea gloria en la iglesia en Cristo Jesús por todas las edades, por los siglos de los siglos.

Efesios 3.20,21

Hay cosas muy importantes que Dios ha puesto en nosotros y quiere que las desarrollemos. Tal vez usted no sepa que este potencial se encuentra dentro de usted. Nuestra responsabilidad como maestros de la Palabra es enseñar estas verdades bíblicas para que ninguno tenga excusas delante de Dios y digan: «Nunca me hubiera imaginado que podía tener tanto potencial en mí para el Señor. Voy a desarrollarlo y utilizarlo para su honra y gloria».

«Sabemos que a los que aman a Dios, todas las cosas les ayudan a bien, esto es, a los que conforme a su propósito son llamados». Si estamos en Cristo Jesús somos llamados conforme a su propósito. «Porque a los que antes conoció también los predestinó para que fuesen hechos conforme a la imagen de su Hijo». Debemos prestar siempre mucha atención a la palabra «para» porque encierra algo importante para nosotros. «*Para* que fuesen hechos conformes a la imagen de su Hijo», *para* parecernos a Cristo Jesús. «El que no escatimó ni a su propio Hijo, sino que lo entregó por todos nosotros, ¿cómo no nos dará también con Él todas las cosas?» (véase Romanos 8.28-32, énfasis añadido).

Él ya nos dio en Cristo todas las cosas, avanza en ese potencial.

Por la fe entendemos...
Dios le ha dado entendimiento a cada hombre sobre la tierra. A través de Él usted tiene el privilegio de razonar. Al decir «entendemos» significa que usamos las capacidades que Dios nos ha dado para poder llegar a asimilar la información que nos ha llegado, deducirla, llegar a cierta conclusión y finalmente decir: «Con esta información, entiendo y conozco lo que estoy diciendo».

Pero, ¿cómo entendemos las cosas de Dios? ¡Por fe! No tenemos ninguna otra base, solamente la fe. Nadie puede probar la salvación, no hay manera lógica de hacerlo. No hay manera de probar la existencia de Dios científicamente, la única manera de probarlo y creerlo es por medio de la fe.

Por la fe entendemos haber sido constituido el universo por la palabra de Dios, de modo que lo que se ve fue hecho de lo que no se veía.
Hebreos 11.3

¿Cómo sabemos que el universo fue creado por Dios? ¡Por fe! Así aceptamos el mensaje bíblico. Si usted no tiene fe, no acepta la Biblia y mucho menos lo que ella dice. La Palabra nos revela que lo que no se veía ya estaba en la mente y el corazón de Dios. Pero no se vio hasta que Dios no lo llamó a existencia. Si no fuera por la fe, no entenderíamos tales cosas.

El águila nació para volar

Esta imponente ave nació para volar, pero ella no sabe eso hasta que aprende a hacerlo.

Cuenta la historia que un día una gallina encontró un huevo de águila mientras preparaba el nido para depositar sus propios huevos. Lo trajo con ella, lo depositó junto a los suyos y se sentó sobre ellos hasta el día de su nacimiento.

Cuando finalmente este día llegó, todos los polluelos salieron y junto a ellos también salió el aguilucho. Él no sabía que era diferente a los demás. No sabía que era hecho para volar. No sabía que en él había un pájaro majestuoso. Pensaba que era una gallina. Comía los gusanos de la tierra y hacia los ruidos que los demás pollos hacían.

Un día el aguilucho miró hacia el cielo y observó a un águila hermosa que volaba, y pensó: «Si yo pudiera un día volar así». Al darse cuenta uno de los otros polluelos lo que él pensaba, le dijo: «No te engañes. Nunca podrás volar, eres una gallina».

Cuando uno no sabe lo que es, vive lo que no es

La maravillosa águila, símbolo de reinos y de principados por su majestuosidad, conquistadora de las corrientes de los vientos y que nos inspira por su porte y elegancia, es nombrada en la Biblia en treinta y dos oportunidades. Muchos reyes la han utilizado como símbolo de su reinado, al igual que el león, como rey de la selva.

Vuela aproximadamente a una velocidad de entre veintiocho a treinta y dos millas por hora (cerca de 60 kilómetros por hora). Pero cuando se lanza en clavado para capturar a una presa, según se ha podido determinar con instrumentos de precisión, llega a alcanzar velocidades de hasta doscientas millas por hora (350 kilómetros por hora).

El águila puede ver a largas distancias, por millas y millas, característica que también cita la Biblia. Aunque no es un libro de ciencia, lo que la palabra de Dios habla en referencia a ella nunca se ha equivocado.

Mientras que el águila es un polluelo que está en el nido, ¿qué sabe de volar?

Ahí está, parece que nunca va a llegar a ser nada, únicamente se dedica a pedir comida y a crecer. Pero el momento ha llegado cuando el águila madre sabe que es tiempo de dejar ese nido y comenzar a volar.

Como el águila que excita su nidada, revolotea sobre sus pollos, extiende sus alas, los toma, los lleva sobre sus plumas.
Deuteronomio 32.11

Si permanece en el nido, si no lucha para abandonarlo, nunca se desarrollará. Ya es tiempo de hacer algo, pero, ¿qué?

No comprende que llegó el tiempo en que debe volar porque no sabe qué es volar. Llegó el momento en que la madre águila debe empujar a los aguiluchos para que salgan de su nido, y los lleva a bordear el precipicio. El águila madre intenta despertar en el polluelo algo que él no sabía que estaba ahí: ¡puede volar!

Pasan los años y el águila comienza a experimentar cambios físicos en su organismo. Por ejemplo, su pico se encorva y se seca, y no lo puede usar. Los lagrimales dejan de funcionar correctamente y ya no salen las lágrimas para enjugar los ojos, haciendo que parte de los párpados se resequen endureciéndose y poniendo en peligro su vista. Las garras y las uñas también se deterioran y comienzan a quebrarse.

Esta situación lleva al ave a una profunda depresión que la hace buscar un monte a donde remontarse, porque según cree de acuerdo a sus instintos, ha llegado el momento de buscar dónde morir.

Pero algo sucede cuando el águila se encuentra en esa condición. Las otras águilas, que ya han pasado por esa etapa, comienzan a volar en círculos alrededor de ella y le cantan animándola y tirándole pedazos de carne. Hasta ese momento el águila solo había podido comer cualquier cosa que consiguiera de la tierra, como gusanos o algún tipo de insecto. Pero ahora algo comienza a renacer en ese águila, algo que no sabía que tenía. ¡Puede rejuvenecerse!

Con la fuerza que ha recuperado, empieza a golpear su pico contra las rocas hasta quebrarlo. Después de unos días, ya tiene uno nuevo y comienza a comer carne como cuando era joven.

El águila en su juventud no sabía que podía volar; en su madurez no sabía que podía rejuvenecerse. Pero al descubrir estas cosas puede avanzar en su potencial.

Cuando hablamos de la palabra «potencial», nos referimos a esa capacidad que él no sabía que poseía hasta que lo experimenta. El hombre, en su estado natural, no sabe las cosas de Dios, no las puede entender ni discernir, pero al conocer al Señor descubre que Él ha puesto un potencial tremendo en cada uno de nosotros. Al desarrollarlo, ese «águila majestuosa» que está en nosotros comienza a crecer.

El apóstol dijo que es menester que Cristo crezca en nosotros todos los días, y nosotros menguemos. El capítulo 11 del libro de Hebreos dice que nosotros vamos a lograr este crecimiento por medio de la fe.

¡Somos nacidos de Dios! ¡Somos nacidos del Espíritu! ¡Somos criaturas nuevas! No somos simples seres humanos. Somos criaturas nuevas, porque hemos nacido del Espíritu y esa criatura espiritual vive y crece a base de fe.

Por fe llegamos al desarrollo del conocimiento. Lo que el apóstol Pablo en el libro de los Hebreos expresa (creemos que él lo escribió) es que si nos miramos exteriormente tal vez no nos demos cuenta de lo que Dios ha puesto en nosotros. Si miramos a un águila pequeña mientras es un polluelo, no podemos ver en él lo que realmente es, un águila majestuosa.

¡Que no pueda verlo no indica que no exista! Por fe nos damos cuenta de algo muy interesante que podemos ver a través de la Biblia, lo que Dios ha prometido que está en nosotros.

Lo visto está en lo no visto.

Así como en la Palabra de Dios estaba el universo, lo visto estaba en lo no visto cuando ya se habló la Palabra. Lo mismo sucede en usted ahora; lo que no se ve, está allí. Dios lo puso en el momento en que usted nació de nuevo. Después interviene la ley de causa y efecto. Siempre vemos el efecto pero tenemos problemas para ver la causa. Por ejemplo, durante una consulta médica el doctor busca la causa de su enfermedad, porque si él puede encontrarla, sabrá qué medicina necesita para quitarle esa dolencia.

Probablemente a causa de algún sufrimiento, algún dolor o alguna pérdida, usted se acercó al Señor y sintió un hambre especial por las cosas espirituales que finalmente lo llevó a los caminos del Señor. No podemos ver con los ojos naturales la causa, solamente vemos el efecto. Observamos a las personas en el altar, alabando y glorificando el nombre del Señor, y decimos: «Dios ha hecho algo en ellos».

Podemos por fe ver los efectos que es ver lo que estaba escondido. ¡Y hay mucho más! ¡Ahora que lo sabe, debe desarrollarlo!

¿De dónde proviene esa fe?

Para poder entender y aceptar que lo visto está en lo no visto, en primer lugar, debemos aceptar que esa fe proviene de Dios. Romanos 12.3 nos dice claramente que Dios nos ha dado una medida de fe. También en Hebreos 12.2, el apóstol nos dice que Jesús es el autor y consumador de la fe.

Por lo tanto, de Dios proviene esta fe para poder aceptar que usted y yo llegaremos a ser algo especial en las manos del Señor porque Él ya proveyó para ello y ya está todo en nosotros.

¿Por qué podemos tener esta fe? Porque conocemos a Dios. Si no conoce a Dios, no va a poder tener fe. *Él nos da de lo suyo para que nosotros podamos desarrollar todo lo de Él.*

De la única manera que usted puede desarrollar todos los dones, las gracias y virtudes espirituales recibidas de Dios, es conociendo a Dios para poder entonces desarrollar lo que de Él viene.

De pronto se da cuenta de que puede enseñar, predicar y administrar lo del Señor. Puede guiar aquello que es de Dios. Se van desarrollando estos dones en usted, estas habilidades y va creciendo.

Algunos dicen: «No sé por qué, pastor, pero algunas cosas buenas me han estado sucediendo a través de los años». La razón es que usted ha estado involucrado en el Señor. Conoce lo de Él en usted y lo está desarrollando. Como tenemos la fe del Señor en nosotros, llegamos al conocimiento pleno de lo que Él desea de nosotros.

Otros me dicen: «Usted puede hacer muchas cosas, yo no, porque nunca he sido educado y me crié en un rancho rodeado de pobreza». Lo que usted está diciendo cuando habla de esa manera es que Dios solamente le da virtudes, dones y potenciales a ciertas personas, entre las cuales no está usted. Eso no es cierto, eso demuestra que usted no conoce bien la Palabra; «Dios no hace acepción de personas» (véase Hechos 10.34).

Hace algún tiempo, el pastor Castellajo construyó un templo para diez mil personas en el estado de Chiapas, México. Cuando este hermano predica, le pide a su hija que lea el versículo de la Biblia alusivo al mensaje porque él no sabe leer. Sin embargo, tiene una iglesia de miles de personas. Construyó uno de los templos más grandes de México, sin tener educación, sin saber leer.

¡Dios ha puesto en usted un don especial que debe desarrollar! No malgaste su tiempo ni su esfuerzo. Invierta sus deseos y energías en aquello que nos va a ayudar a ser todo lo que el Señor quiere que seamos. Fuimos llamados a ser como su Hijo. Por ello tenemos que desarrollar todo eso que Dios ha depositado en nosotros.

Pacto de bendición

Una de las características morales de Dios es que Él es un Dios de pacto. Hace pacto con nosotros, sus hijos. Estos pactos revelan una vez más ese potencial que está en nosotros, para vivir y avanzar en lo que Dios nos ha dado.

El pacto de bendición de Dios tiene seis aspectos que enunciaremos, desarrollando cada punto con una letra inicial en común: «P». Ellas forman parte del potencial que está en nosotros y al cual debemos darle toda la fuerza para poder avanzar.

1. Pacto de perdón

Cuando confesamos nuestros pecados recibimos el perdón de Dios, pero continuamos recibiendo todos los días salvación, misericordia, y crecemos en ese perdón. La gracia del Señor y su bendición se siguen manifestando claramente en nosotros todos los días en que somos perdonados. Muchos todavía luchan con aceptar el perdón de Dios para sus pecados de ayer, de hoy y de mañana.

Hay una palabra muy interesante que el apóstol Juan nos da. Dice que la sangre del Señor hace una obra que se llama *propiciación*. «Y Él es la propiciación por nuestros pecados; y no solamente por los nuestros, sino también por los de todo el mundo» (1 Juan 2.2). Es la obra de limpiar, de purgar, de deshacer aquello que no nos conviene. Cuando recibimos a Cristo y aceptamos este potencial de perdón en nuestra persona, lo hacemos sobre la base de la Palabra de Dios.

Juan dijo que cuando pecamos abogado tenemos delante de Dios continuamente. La razón es que la sangre de Jesucristo nunca perdió su fuerza, nunca perdió el poder para limpiar todo pecado. ¡La sangre de Cristo continúa operando! ¡Aun antes de pecar ya somos perdonados! Algunos dicen: «¡Cuando peco, me siento tan mal!» Así es, el Espíritu Santo le trae convicción de pecado; porque Él ha venido a este mundo a traer convicción, y nos dice: ¡Eso no te conviene! Pero delante de la gracia de Dios el Padre, usted ya es perdonado. ¡Pero no juegue con Dios! Ya no es pecador. Usted está dentro del pacto de perdón por la gracia de Dios, por lo tanto, es libre del pecado. Debe vivir en santidad todos los días. El pacto de perdón está en usted, y es para siempre. Dios no es de los que da y luego quita. ¡Estamos viviendo en el perdón, ya no vivimos más en la condenación!

Al conocer los nombres de Dios y ver su obra en nuestras vidas, entenderemos aún más el valor que tenemos para Cristo.

Describiremos algunos nombres de Dios, por ejemplo: Jehová-Tsidekenu, *Jehová es nuestra justicia*. Usted no es su propia justicia. Él es su Justicia. Cuando Satanás le apunte con ese dedo largo y feo, y diga: «¡Aquí te tengo!» Respóndale:

«¡No! ¡No! y ¡No! Te equivocas diablo mentiroso, soy justo porque Él me hizo justo. Yo vivo en el perdón de Dios». Vivir en el perdón de Dios es vivir en su justicia. Este nombre de Dios, «Jehová es mi justicia», nos habla del pacto de perdón, este pacto tiene poder. Dios ha hecho un pacto de perdón para demostrarnos que Él viviría bajo la verdad de ese pacto. Envió a su Hijo a morir en la cruz como sello de que así sería. ¡Cuando Dios promete, cumple!

Imagino la escena del tribunal. El acusador, el defensor y el juez sentado en su trono decidiendo quién está diciendo la verdad. Satanás nos acusa con indignación, desea llevarnos a la muerte. Luego, se levanta el Hijo de Dios, el defensor, y le dice al juez: «Este es libre de toda acusación porque yo morí por Él». Y aunque nosotros cometimos cantidad de pecados y ganamos el trofeo de: «El pecador del año», un día nos encontró en el camino y nos dijo: «Quiebro el poder del pecado en ti. Vives ahora en el perdón». Y desde entonces, el juez nos declaró «justos» y se cumple uno de sus nombres sagrados en nosotros.

No importa cuántos pecados haya cometido, ya no es culpable por ninguno de ellos, porque el Señor de la gloria pagó por todos.

Otro nombre de pacto es: Jehová M'Kadesh, *Jehová es mi santidad*. Él me hace santo, me ha estampado con justicia y santidad. Cuando Dios Padre nos mira, no ve nuestros pecados, Él nos ve santos, apartados para Él. Dios ha hecho una obra tan grande en nosotros, que ahora vivimos en el perdón y allí somos apartados para Él. Somos hechos santos por y para Dios.

Años atrás, la Iglesia Católica Romana hizo un estudio para ver si de alguna manera u otra existía la posibilidad de canonizar a Martín Lutero. El informe que leí contaba con unos cuarenta y tres años de investigación realizada por todos los teólogos de la iglesia, con el fin de declararlo santo. ¡Eso no es así! Yo fui un gran pecador, me echaron del Estado de Tejas no precisamente por bueno. Era líder de pandillas y un borracho de primera. Me gustaba el pleito y constantemente portaba navajas. Pero un día hinqué mis rodillas frente a Dios y, ¡en unos cuantos minutos me levanté santo! En el mismo momento que el Señor Jesucristo me perdonó y entró a mi corazón, me hizo santo; me declaró santo por su santidad. Jehová no es solamente mi justicia, también es mi santidad. Podemos vivir en el perdón porque Dios nos hace justos y santos.

El relato del apóstol Pablo en su carta a los romanos refleja la lucha diaria con el pecado:

¡Miserable de mí! ¿Quién me librará de este cuerpo de muerte? Gracias doy a Dios, por Jesucristo Señor nuestro. Así que, yo mismo con la mente sirvo a la ley de Dios, mas con la carne a la ley del pecado. Ahora, pues, ninguna condenación hay para los que están en Cristo Jesús, los que no andan conforme a la carne, sino conforme al Espíritu.

Romanos 7.24—8.1

No hay ninguna condenación para los hijos de Dios porque la ley del Espíritu de vida nos ha librado de la ley del pecado y de la muerte.

2. Pacto de Presencia

Él nos dijo: «Siempre estaré con vosotros. Nunca los voy a dejar. No me apartaré de ustedes». Estas promesas de Dios las hallamos continuamente en la Biblia. ¡Qué privilegio es saber que no importa dónde nos encontremos, en nosotros está su presencia! Antes estaba *con* nosotros pero ahora está *en* nosotros. Él vive dentro nuestro. Dios se deleita en estar con usted, y moverse dentro suyo. Él quiere que el potencial de su presencia se desarrolle en usted. Muchos recorren el mundo buscando dónde está Dios, y van a la montaña, o al desierto. Pero Él quiere estar en su interior, y aunque usted peque no se apartará de su vida.

Algunas veces se entristece y dice: «Este mi hijo, a quien le he dado tanto. Entregué a Cristo, que murió por él. Yo mismo he puesto en él mi Espíritu, estoy con él todos los días. Le he dado mi Palabra, le he entregado todo lo que es mío. Pero, ¿por qué hace eso?» El Espíritu se contrista en nosotros, pero no se va. Porque dice: «Yo estaré con vosotros todos los días hasta el fin del siglo». ¡Qué linda promesa del Señor! Sus pactos son eternos.

El siguiente nombre de pacto es: Jehová-Shalom, *Jehová es nuestra paz*. Cuando «Jehová-Shalom» está en nosotros tenemos paz, no hay por qué caminar con temor, no hay porqué caminar inseguro, titubeando, nervioso, no sabiendo quiénes somos, hacia dónde vamos, y qué es lo que Dios quiere hacer en nuestras vidas. Todos los días tenemos que caminar en paz, porque ese pacto de presencia nos dice que Dios está con nosotros, que nunca nos dejará y que nunca se aparta de nosotros.

Antes había conflicto entre el Espíritu de Dios y el mío, pero ahora ya no existe más. Ahora vivimos en armonía, somos obra de paz. Antes no podía estar en usted porque no había ninguna relación entre su espíritu y el Espíritu del Dios. Pero ahora puede estar con usted porque hay una relación de paz, hay un producto de paz, hay una obra de paz que Él ha hecho en su persona. ¡Allí habita el Señor!

Otro nombre en este pacto es: Jehová-Sama, *Jehová siempre presente*, el que siempre está allí. Si Dios dice que vendrá y hará morada en usted, así será y no lo hará por un momento, sino que siempre estará en su vida. Algunos cristianos dudan de su salvación y del perdón divino. ¡No puede vivir de esa manera! ¡Acepte que Dios lo ha perdonado y está con usted! Debemos caminar sobre esas verdades del Señor todos los días.

Escuché a Marcos Witt predicar en Miami respecto a este tema. Dijo lo siguiente:

> *Dios está buscando adoradores, pero que le adoren en Espíritu, porque Él es Espíritu. Nosotros le adoramos en Espíritu porque Él está en nosotros y su Espíritu está con el nuestro.*

El verdadero «Yo» de Dios está dentro nuestro. El «yo» (Daniel de León) está dentro junto con el «Yo eterno». Cuando el verdadero Daniel de León, el verdadero «yo» está unido al «Yo eterno» que es Dios, Él está en mí. Lo único que debo hacer es desarrollar ese potencial de la nueva criatura, del nuevo Daniel de León en el pacto de presencia.

3. Pacto de panacea

El potencial de la restauración. La panacea divina es salud que proviene de Dios. La Real Academia Española define la palabra «panacea» como el remedio o solución general para cualquier mal. La restauración que proviene del Buen Pastor es panacea para nuestras vidas. Es vivir en un estado de salud divina, es estar sano espiritualmente. Es estar intacto: espíritu, alma y cuerpo.

El nombre sagrado para este potencial es: Jehová-Raah, *Jehová es mi pastor*. Lo encontramos en el Salmo 23, Jehová es mi restaurador, mi pastor; *me guía por sendas de justicia por amor de su nombre; aunque ande en valle de sombras, Jehová es mi Pastor y nada me faltará.* Él lo hace todo. *En lugares de delicados pastos me hará descansar. Confortará mi alma.* El «confortar» tiene un significado mucho más profundo, nos está hablando de «restaurar» el alma. El pastor es el que da de comer, de beber y hace descansar a su rebaño para que sea restaurado. El Buen Pastor nos da de beber en manantiales de agua viva. El Buen Pastor nos da una comida nueva que es eterna, especial, y que proviene del cielo. Dios mismo prepara esa comida. Por lo tanto, ya nuestro espíritu no vive de la comida terrenal. ¡Dios prepara el alimento! ¡Él nos lleva a comer! El Espíritu de Dios en nosotros nos lleva a alimentarnos de lo que Él ha preparado para que nuestro espíritu se nutra y así crezca y se desarrolle todo el potencial que está en nosotros.

«Jehová es mi restaurador», es el que nos hace completos. Él nos generó, luego el pecado nos degeneró, pero Dios ha venido a regenerarnos. Ahora somos nuevas criaturas restauradas por el poder de Cristo Jesús en nuestras vidas.

Otro nombre de este pacto es: Jehová-Rafa, *Jehová te sana*. La palabra quiere decir mucho más que sanar nuestras enfermedades físicas. Nuestra mente estaba entenebrecida, el alma y las emociones desechas, y el cuerpo por otro lado también estaba herido. Él ha sanado nuestra alma y espíritu de pecado, y nuestro cuerpo de dolencias. Jehová mismo es el remedio para nuestras enfermedades, «Él es quien sana todas tus dolencias» (Salmo 103.3).

4. Pacto de Provisión

En este pacto el nombre de Dios es: Jehová-Jireh, *Jehová proveerá*.

> *Y sabemos que a los que aman a Dios, todas las cosas les ayuda a bien, esto es, a los que conforme a su propósito son llamados. Porque a los que antes conoció, también los predestinó para que fuesen hechos conforme a la imagen de su hijo.*
>
> Romanos 8.28,29

El potencial que se desarrolla en nosotros cuando aceptamos a Cristo Jesús es que llegaremos a ser semejantes al Hijo de Dios. ¡Eso es gracia! ¡Eso es misericordia! ¡Eso es amor! «Para que él sea el primogénito entre muchos hermanos. Y a los que predestinó, a estos también llamó; y a los que llamó, a estos también justificó; y a los que justificó, a estos también glorificó. ¿Qué, pues, diremos a esto? Si Dios es por nosotros, ¿quién contra nosotros?» (Romanos 8.29-31).

Estas palabras de Dios no son para enorgullecernos, son más bien para tener un sentir de seguridad. Hemos sido sellados con el Espíritu de Dios. Usted es apartado para ser hijo de Dios. Usted es un escogido de Dios para ser santo como es Él. Dios quiere manifestar en su vida la obra gloriosa de la cruz del Calvario. Por eso deseo que viva todos los días bajo ese potencial que está en usted, que crezca y madure más y más en Él. El texto continúa diciendo: «El que no escatimó ni a su propio Hijo, sino que lo entregó por todos nosotros, ¿cómo no nos dará también con Él todas las cosas?» (v. 32).

No hay escasez en esta palabra, claramente dice que nos dará con Él todas las cosas. La promesa de Dios es segura y fiel.

¡Dios no es hombre para que mienta, ni hijo de hombre para que se arrepienta! Lo que promete, eso cumple.

Hay un tremendo potencial en su vida, Dios hizo un pacto con usted y lo cumplirá. Dios ha sellado un pacto de provisión con sus hijos, promete darnos «todas» las cosas. No solo hay que aceptar esa palabra en teoría, debemos vivirla, y para eso necesita conocerlo a Él y todo acerca de Él. De esa manera sabrá que Dios opera continuamente, Él no cambia. Es el mismo ayer, hoy y por los siglos. Él nos ha amado con amor eterno, con amor inmutable. ¿No cree entonces que lo que ha prometido lo cumplirá? ¡Claro que sí!

Debemos conocer íntimamente a Dios, entonces viviremos a la luz de su Palabra todos los días. Si no conocemos ese libro y a su autor, vamos a leer el diario de la mañana y diremos: «¡Cuántos problemas tenemos!» O abriremos los ojos al despertarnos, veremos a nuestra familia con todos sus problemas y diremos: «¡Nunca vamos a salir de esto!» Pero, cuando conozcamos verdaderamente a Dios, entonces diremos: «Hay problemas, pero voy a salir porque Dios está conmigo». Entonces tendremos seguridad, porque conoceremos a ese Dios que provee, a *Jehová-Jireh*.

En una situación particular puedo detectar con facilidad quiénes creen a Dios y quiénes no. Es en los servicios fúnebres. Allí están aquellas personas que lloran, que sienten la partida de un ser amado, pero no se desesperan pues su llanto tiene una esperanza. Ellos dicen: «Yo sé que voy a ver a mi papá, o a mi mamá allí en el cielo», existe una esperanza, una fortaleza. En cambio, aquellos que no conocen a Dios, lloran sin consuelo. Los que creemos, sabemos hacia dónde vamos, y quiénes somos. Conocemos al Dios de nuestra vida, el que ha hecho esa tremenda obra, y ha prometido que Él proveerá para todas nuestras necesidades.

En el momento más difícil de nuestras vidas es cuando más vemos la provisión de Dios. Cuando las cosas van bien ni siquiera nos damos cuenta de que Dios nos está sosteniendo, pero cuando las cosas se ponen un poco difícil, entonces es que vemos la provisión de Dios.

5. Pacto de Protección

El nombre que acompaña este pacto es: Jehová-Nissi, *Jehová es mi estandarte, mi bandera*. Él es quien pelea mis batallas, mis luchas, mis guerras. Cuando el enemigo ataca a su esposo o a su esposa, a sus hijos, a su economía, al trabajo, o a su salud, es porque él siempre está buscando a quién devorar. Satanás lo enfrenta y usted cree que está cargando el problema solo. Pero cuando la lucha pasa, entonces se da cuenta de que realmente no fue usted el que luchó, sino que el Señor lo hizo por usted. Él le dio las fuerzas, la fortaleza, la sabiduría y la inteligencia para caminar y salir adelante.

Me gusta mucho ese poema titulado «Huellas», de un autor anónimo, que dice que en medio del dolor, el hombre veía un solo par de huellas en la arena, que durante ese tiempo de sufrimiento Dios no estaba con Él porque las huellas le indicaban que uno solo caminaba. Pero Dios contestó que esas pisadas eran las de Él que lo estaba cargando en sus brazos en el momento de su prueba.

Debemos convencernos de que somos protegidos por Dios, y que de cada problema Dios sacará algo bueno porque Él es bueno, y lo que usted ve ahora como un problema, Dios lo cambiará en bendición. ¡Jehová es su protección, no tenga temor!

6. Pacto de Promesa.

Tenemos que saber qué es «un Dios de pacto» porque de lo contrario vamos a caminar como aquellos que no tienen fe, nos sentiremos como antes de conocer a Dios y sus bendiciones. Si caminamos seguros siempre tendremos gozo inefable, esa paz que sobrepasa todo entendimiento. Quizás se rían de nosotros y digan: «¿Cómo puede tener paz con ese problema?» Nuestra respuesta debe ser: «Yo sé en quién he creído».

Él da esfuerzo al cansado, y multiplica las fuerzas al que no tiene ninguna. Los muchachos se fatigan y se cansan, los jóvenes flaquean y caen; pero los que esperan a Jehová tendrán nuevas fuerzas; y levantarán alas como las águilas; correrán, y no se cansarán; caminarán, y no se fatigarán.

Isaías 40.29-31

La Biblia nos dice que seremos transformados de gloria en gloria. Esa es mi escritura favorita: «Por tanto, nosotros todos, mirando a cara descubierta como en un espejo la gloria del Señor, somos transformados de gloria en gloria en la misma imagen, como por el espíritu del Señor» (2 Corintios 3.18). Moisés al ver la gloria de Dios tuvo que cubrir su rostro porque era tan fuerte que se estaba reflejando en él. Pero no es solo Moisés, nosotros estamos mirando a cara descubierta, como en un espejo. Y el mejor espejo que tenemos desde un principio es el evangelio, allí se encuentra lo que Dios quiere hacer en nosotros, lo que intenta hacer en nuestra persona. Dios ya no tiene la cara cubierta.

Ahora usted conoce la verdad, «estaba ciego, pero ahora puede ver». Somos cambiados por medio de la obra de santificación, el Espíritu Santo saca más y más a luz esa nueva imagen de Dios en su persona.

Usted hizo un pacto con Dios al aceptar al Señor Jesús como el Salvador de su vida. ¡Créale a Dios! Él cumple todas sus promesas y sus pactos. Acepte el desafío de avanzar en el potencial de Él sobre su vida.

Secreto cinco

Observe los problemas a través de su posición en Cristo

Ante las dificultades, algunas personas desarrollan alas; otras se compran muletas.

Harold W. Ruopp

«Mi caballo estaba muy rengo, y a mí me dolía la cabeza de una manera terrible. Aquí declaro que lo que ocurrió, es verdad, aunque cada uno pueda juzgarlo como quiera. Pensé: ¿No puede Dios sanar al hombre o a la bestia si así lo desea? De inmediato, mi cansancio y dolor de cabeza cesaron, ¡y ya mi caballo no estaba rengo!», John Wesley relató este testimonio como parte de su realidad. Job dijo: «Maldito el día en que nací».

Nos cuesta mucho saber cómo actuar y qué hacer frente a los problemas de la vida. El miedo a equivocarnos ante las decisiones nos aterra. Cada situación nos enfrenta a una determinación, una decisión que varía de acuerdo a nuestra posición. Pero aprenda hoy esta gran verdad: por más terrible que sea la situación, observe sus problemas a través de su posición en Cristo. La expresión «en Cristo» es tal vez una de mis favoritas:

«De modo que si alguno está *en Cristo*, nueva criatura es» (2 Corintios 5.17, cursivas añadidas). Su nueva posición en Cristo le dice que ya no somos los mismos de ayer, hoy somos «nueva criatura», y debemos observar los problemas que nos atacan todos los días a la luz de lo que hoy somos en Él.

Existen tres formas de ver nuestros problemas:

En lo personal

La manera de ver las cosas en base a lo personal, es a través de la propia historia. Cada uno de nosotros, tiene una historia diferente, experiencias vividas que son solamente suyas y de nadie más. Estas nos hacen ser distintos y completamente diferentes a todas las demás personas del mundo. Algunas de las experiencias que hemos tenido son buenas, otras quizás no tanto, pero son nuestras y las tenemos bien registradas en nuestra mente. Esas experiencias nunca desaparecen. Siempre las recordaremos aunque sean buenas o malas, mientras caminemos por la vida, porque son cosas que hemos atesorado.

Sin embargo, las que más vienen a nuestra mente son las vivencias negativas y malas de la vida. Nuestra mente las trata con mucho cuidado, y no olvida ningún aspecto de las experiencias malas. Por alguna razón absorbe como una esponja todo lo negativo y nos lo trae a memoria en cada oportunidad, en especial cuando algo se asemeja a lo que ya hemos experimentado. Renace nuevamente todo aquello y junto a eso regresan también las emociones. Ese sentimiento de enojo, de dolor, de temor que vivimos en ese día es nuestra propia experiencia y solamente Dios puede quitarla totalmente.

¿Cómo ha sido usted frente a su familia? ¿Cómo lo trataron en su niñez? ¿Qué lugar ocupaba dentro de su vínculo familiar? ¿Lo aceptaron o rechazaron? ¿Hubo amor de su padre o de su madre hacia usted? Usted tiene en su mente todas esas experiencia.

¿Cómo y qué ve cuando mira a su alrededor? Después de pensar en las respuestas, yo quisiera que usted realizara ese ejercicio, realmente considerando y analizando lo que le he dicho. ¿Lo verá desde un punto de vista muy positivo o muy negativo? ¿Ve sus experiencias como algo hermoso o como algo horrible? En su vida diaria, ¿cómo ve la vida? Todo eso le indica qué tipo de persona es. Todas y cada una de estas cosas hablan de usted.

En lo personal, el Apóstol Pablo dice: «Todo lo puedo en Cristo que me fortalece». Recuerde que nos da una lista de las cosas que personalmente él había sufrido por la causa del Señor.

Él le dice: «(si has sufrido) yo más; en trabajos más abundante; en azotes sin número; en cárceles más; en peligros de muerte muchas veces ... cinco veces he recibido cuarenta azotes menos uno. Tres veces he sido azotado con varas; una vez apedreado; tres veces he padecido naufragio ... en caminos muchas veces; en peligros de ríos ... de ladrones ... de los de mi nación ... de los gentiles ... en la ciudad ... en el desierto ... en muchos desvelos, en hambre y sed, en muchos ayunos, en frío y en desnudez», y la lista sigue (véase 2 Corintios 11.23-29).

¡Él nos dice que todos estos problemas abundan para la gloria de Dios! Seguramente él tenía una nueva manera de ver las cosas, especialmente los problemas.

En lo cultural

La cultura juega un papel importante en nuestra manera de ser. Ella afecta nuestra conducta, nuestra manera de vivir, nuestra crianza. Las costumbres, expresiones y mentalidad de nuestra gente forman también parte de lo que somos.

Hace cuatrocientos años que negros africanos fueron traídos como esclavos a América. Después de tantos años aún hoy se sienten como esclavos porque la cultura les ha afectado tremendamente.

Los latinos han actuado de la misma manera. Los indígenas fueron esclavizados por los españoles. Luego los mestizos por los franceses, después los hacendados esclavizaron al peón y por último, los déspotas políticos a todo un pueblo. Esto ha causado que la cultura misma sea como una «camisa de fuerza» que tiene atado a muchos de nuestros pueblos a tal grado que ahora vemos, aun a los hijos de Dios, sufrir los estragos de este trasfondo cultural. En muchos existe todavía esa mentalidad de esclavo. Piensan: «soy nada y nada merezco».

Aquella persona que ha sido víctima de abuso físico, sexual, mental, malas palabras, mal trato en la casa, no puede ver la realidad de las cosas. Cuando se encuentra en cierto círculo, aunque no quiera, nacen esos sentimientos, porque la cultura en que se crió le ha afectado toda su vida y ahora lo que ve es el resultado de todo aquello. ¡Yo quiero enseñarle una nueva manera de ver la vida! Si deja que su mente y su cultura le sigan dictando cómo debe ver las cosas, nunca podrá desarrollar una nueva manera de ver el mundo que le rodea. Recuerde que tiene una mente nueva, la mente de Cristo. ¡Debe ver las cosas como Dios las ve, no como usted las ha visto por años!

Yo me enojo mucho cuando una jovencita me dice: «Yo no puedo superarme en la vida porque mi papá me maltrató, o me violó, o hizo cosas malas conmigo». Mi respuesta es inmediata: «Muchas otras jovencitas pasaron por lo mismo pero se han superado». ¿Dónde radica la diferencia? En que algunas de ellas quieren quedarse en ese inmenso «valle de sombra de muerte», en esa situación que vivieron años atrás. Se puede decir: «Con la ayuda de Dios, me levanto, y sigo adelante, porque las cosas viejas ya pasaron».

Para que pueda crecer y desarrollarse en el potencial de Dios, usted tiene que superar esas viejas experiencias negativas con la ayuda de Él. Mientras no se libere de sus ataduras y continúe detenido en el pasado, ese potencial que existe no podrá manifestarse porque usted no se lo permite.

En lo espiritual

Aquellos que han nacido de nuevo, que se han entregado a quien es ahora el Señor y Salvador de sus vidas, ya conocen su posición en Cristo (secreto 4). En Él se halla todo lo que necesita, en Él lo tiene todo. En Cristo puede vencer porque en Él está la victoria, en Él usted es una nueva criatura, y no debe dejar que las cosas viejas lo arrastren al pasado y le hagan seguir estando en pecado. Debemos vivir en el perdón. Porque el que está en Cristo ha sido perdonado de todos sus pecados y de toda su maldad. Pablo dice que la vieja manera de ser y ver las cosas, han pasado, pero si en su vida aún no han quedado atrás es porque todavía está arrastrándolas.

Recuerde la conocida historia del caminante por el costado de la senda que cargaba un gran peso en sus espaldas. Un señor se detiene en el camino y le invita a subir a su camión porque le había dado lástima tanta carga que llevaba. El caminante accede a subir pero aún así llevaba la carga sobre sus espaldas. El conductor sorprendido le dice: «¿Por qué no deja eso apoyado en el piso?» El hombre le responde: «Esta es mi carga y la tengo que cargar, ya sea caminando o sobre el camión».

Lo mismo sucede con muchos cristianos, están en Cristo y todavía llevan la carga sobre sus espaldas. Realmente Dios quiso tomar nuestras cargas y clavarlas en la cruz, pero usted las sacó de la cruz y se las colocó nuevamente sobre sus espaldas. El resultado es que hoy camina como aquel que no sabe nada de Dios. Todo lo que ve es malo, nunca admira lo bueno. No puede aceptar el hecho de que *el que está en Cristo, nueva criatura es, las cosas viejas pasaron y todas han sido hechas nuevas.*

Dios quiere abrirle los ojos para que pueda ver diferente. ¡Mire sus problemas como Dios los ve! La Biblia dice: «Para Dios nada es imposible», esta es la forma en que Dios ve los problemas. Para Él nada es imposible de deshacer, porque Él ya lo deshizo en la cruz del calvario.

Luego de tantos años de ministerio, puedo asegurarle que Dios no va a pedir algo de usted que Él ya no haya hecho. Si usted puede creer que las cosas quedaron atrás, estará libre de ese pasado. Esas riendas que lo tenían atado se han deshecho en el nombre de Jesús.

La Biblia nos da algunos ejemplos de cómo otros han visto sus problemas. Pablo nos dice: «Todo lo puedo en Cristo que me fortalece» (Filipenses 4.13). El apóstol Juan asegura: «Todo lo que es nacido de Dios vence al mundo» (1 Juan 5.4). ¿Por qué no aceptamos estas palabras? Tal vez usted responda: «Sí, yo las creo, es más, están en la cabecera de mi cama». Podemos conocer esta verdad, pero lo más importante es aplicarla en su vida y vivirla todos los días.

Cuando David estaba huyendo de Saúl porque lo quería matar, la razón era que él había sido ungido como rey de Israel y Dios le había quitado la unción a Saúl. David huye a la tierra de los filisteos, que eran enemigos de Israel. Una vez allí, el rey Abimelec reconoció a David, y dijo: «Este es nuestro enemigo, es el que nos ha conquistado tantas veces. Vamos a matarlo». Dice la historia que en ese momento, David comenzó a portarse como un loco, y le dijeron: «Vete, no te queremos aquí». Recuerdo ese período tan difícil en la vida de David y me pregunto: ¿Era este el que estaba ungido por Jehová para ser el rey de Israel? ¿Cuántas veces habremos hecho lo mismo?

En ese tiempo escribió el Salmo 34, cuyo verso 5 dice: «Los que miraron a Él, fueron alumbrados». Ese es un versículo que debe bendecirlo. A través de estas palabras intenta decirnos que ya no nos miremos ni pongamos nuestros ojos en nosotros mismos, en nuestras propias derrotas. ¡No ponga su mirada en las cosas de ayer, en esas experiencias amargas y tristes! Si continuamos recordando esas cosas, nos estancaremos. Pongamos nuestra mirada en el Señor.

Los que miraron a Él fueron alumbrados y sus rostros no fueron avergonzados.

Salmo 34.5

Si usted pone sus ojos en Él, autor y consumador de su fe, va a ser alumbrado y ya no caminará en tinieblas. Verá las cosas muy diferentes, las verá desde el punto de vista de Dios y entenderá que los problemas «en Cristo» son absolutamente nada.

Ni el enemigo, ni todos los demonios, ni todo el pecado, ni las cosas de este mundo tienen poder contra su persona.

¡Usted es libre en el Señor! Escuche lo que David sigue diciendo: «Gustad, y ved que es bueno Jehová; dichoso el hombre que confía en Él» (Salmo 34.8). Al caminar con el Señor todos los días, esa mente nueva recibe más y más luz por la revelación bíblica. No siga alimentando las experiencias del pasado, no siga reviviendo las experiencias del pecado. Ese es el pensamiento que David nos da en el Salmo 34.6: «Este pobre clamó, y le oyó Jehová, y lo libró de todas sus angustias».

Años atrás, una familia que vino al Señor me dijo: «Cuando entramos a la iglesia esa mañana (fueron invitados), parecía que usted estaba predicándole directamente a nuestra familia. Cuando hizo el llamamiento no sé por qué, me dijo el jefe de la familia, pero yo pasé llorando. Cuando me di vuelta, mi esposa también estaba llorando al igual que mis dos hijos. Pero algo especial sucedió, alguien quitó como una venda que teníamos en nuestros ojos, era como si hubiésemos estado ciegos y ahora pudiéramos ver lo que Dios es realmente».

Dice David en el Salmo 27.1: «Jehová es mi luz y mi salvación; ¿de quién temeré?» ¿Qué ve usted cuando mira a su alrededor? «Jehová es la fortaleza de mi vida; ¿de quién he de atemorizarme?»

¡No se deje llenar de temor!

Cuando se juntaron contra mí los malignos, mis angustiadores y mis enemigos, para comer mis carnes, ellos tropezaron y cayeron. Aunque un ejército acampe contra mí, no temerá mi corazón; aunque contra mí se levante guerra, yo estaré confiado. Una cosa he demandado a Jehová, esta buscaré; que esté yo en la casa de Jehová todos los días de mi vida, para contemplar la hermosura de Jehová, y para inquirir en su templo.

Salmo 27.2-4

Amigo, aunque lleguen todos los problemas en su contra, cuando no haya dinero ni trabajo, y no tenga salud, usted será inspirado y animado al contemplar la hermosura de Dios.

> *Porque Él me esconderá en su tabernáculo en el día del mal. Me ocultará en lo reservado de su morada; sobre una roca me pondrá en alto.*
>
> Salmo 27.5

Cada uno de estos versos nos indican una nueva manera de observar nuestros problemas bajo el abrigo del Altísimo. ¡Esa debe ser su actitud! ¡Acepte el desafío de una nueva manera de ver sus problemas: véalos como Dios los ve!

Secreto seis

Medite en sus logros a través de Cristo

Es fácil decidir y no pensar, es fácil pensar y no decidir; pero es difícil pensar con claridad y decidir con valentía.

Youth Companion

Aunque la palabra meditar es muy bíblica, la iglesia la ha descuidado en el terreno de la práctica como ejercicio espiritual. La razón de esto es porque ha venido a nosotros una reacción contra el hinduismo, y otras religiones falsas que han enfocado mucho sus bases sobre la meditación. Pero sabemos que como ellos la enseñan es totalmente contraria a la voluntad del Señor.

Meditar en el Señor, en su Palabra, es bíblico; deberíamos hacerlo porque así Dios nos lo instruye. El Salmo 1 dice:

Bienaventurado el varón que no anduvo en consejo de malos, ni estuvo en camino de pecadores, ni en silla de escarnecedores se ha sentado; sino que en la ley de Jehová está su delicia, y en su ley medita de día y de noche.

A mi me encanta meditar, especialmente cuando salgo a caminar en los lugares llanos y montañosos. Alrededor de mi casa hay montañas. Son hermosas especialmente durante la primavera cuando todo está verde.

En mi caminata hablo con el Señor. Le doy las gracias por lo que Él es en mi vida y por todo lo que ha hecho para mí y mi familia. En esos momentos a solas con Dios pienso solo en Él y en quién es verdaderamente. En el Dios todopoderoso que vive y reina para siempre. El que sabe todas las cosas y está en todo lugar.

Unos de mis salmos favoritos es el Salmo 121. Lo sé de memoria y lo digo mientras camino y después *¡lo medito!* «Alzaré mis ojos a los montes», y veo los montes o lomas cerca de mi casa. «¿De dónde vendrá mi socorro?» Y pienso, medito cuando David veía los montes por allá en Belén y lo inspiraban a pensar en su Dios por su grandeza y majestad. Después de pensar en ello, digo como él: «Mi socorro viene de Jehová quién hizo los cielos y (estos) montes».

De pronto Dios se hace muy personal. Lo siento tan cerca a mí como esas lomas y lo miro grande y exaltado como ellas. Y por supuesto prosigo mi caminata recitando el resto del Salmo con un nuevo sentir de Él y de lo escrito por el salmista. Termino con el cuerpo más lleno de energía y el nuevo hombre alumbrado con la revelación divina.

También el consejo que Dios le dio a Josué fue: *Medita en esta Palabra de día y de noche. Y entonces, todo lo que emprendas te saldrá bien* (véase Josué 1.8). Pero nosotros, los cristianos, decimos: «¿Qué es eso de meditar?» No debemos confundirnos, ni a hacerlo tan complicado, porque en realidad es sencillo. Meditar es dejar de hablar y pensar detenidamente con nuestro corazón lo que la Palabra del Señor nos está enseñando. De esa manera el corazón extrae todo de esa Palabra que el Señor ha dicho, y lo toma para sí mismo, se alimenta con ello y sigue adelante sobre esa revelación.

Pensamos que para meditar tenemos que estar en cierta postura física especial, pero no es así. No importa en qué posición esté, puede igualmente meditar en Dios. Si está manejando en una autopista puede meditar en el Señor, en su Palabra, puede meditar en un versículo, en un Salmo, o en una porción bíblica, y dejar que el Espíritu del Señor se revele por medio de lo que esa Escritura le está diciendo, porque a través de la meditación en su Palabra, encontrará nuevas fuerzas y nuevas energías.

En este libro usamos la palabra «energía» como clave para el desarrollo de nuestras vidas. La energía espiritual que proviene del Espíritu Santo es la que nos ayuda a seguir adelante con todo lo que el Señor pide de nosotros y quiere alcanzar en nosotros.

Hemos citado en varias oportunidades el pasaje de Romanos 8.28: «Y sabemos que a los que aman a Dios todas las cosas les ayudan a bien, esto es, a los que conforme a su propósito son llamados». Dios, en su bendita misericordia, desarrolló un plan divino de salvación. En este plan no solamente está incluido el aspecto del rescate de una vida de perdición y de pecado; también implica una vida de bendición. ¡La salvación incluye bendición! Reducimos el valor de la salvación al pensar solamente en el hecho del perdón de nuestros pecados y la liberación de la condenación. Pero, obviamente, al rescatarnos de todo eso trae también tremendas bendiciones a nuestra vida.

Todo lo que usted tiene que hacer es abrir la Biblia y buscar cada versículo que hable de la bendición que Dios quiere traer sobre su vida.

Pablo dice en el pasaje anteriormente citado, «sabemos». Esto implica que tanto usted como yo conocemos a Dios y todo lo de Dios. El versículo 32 de ese mismo capítulo es bien claro al decir: «El que no escatimó ni a su propio Hijo, sino que lo entregó por todos nosotros, ¿cómo no nos dará también con Él todas las cosas?

Existen varios estorbos en la vida del cristiano, algunos de ellos tienden a robarnos las bendiciones que Dios quiere compartir con nosotros. A veces nosotros mismos nos las robamos porque vivimos en un mundo lleno de pecado y de maldad. Hemos aprendido a vivir esa vida donde no veíamos ni conocíamos la bendición de Dios. Todo lo que entendíamos era que, por nuestra mala manera de vivir o porque nos lo habían enseñado de esa forma, recibíamos toda esa maldición, problemas y circunstancias contrarias a la voluntad del Señor. Por supuesto, el pecado es la raíz de todo eso. El pecado en nosotros causó que fuéramos una generación caída de la gracia. Al caer, nos abrimos a todo lo que el pecado trae a nuestras vidas: problemas, sinsabores, dolor y angustia. Pero ahora estamos hablando de una vida nueva.

En capítulos anteriores enfatizamos a través de Segunda de Corintios 5, que el que está en Cristo nueva criatura es. Y también la posibilidad de una nueva manera de ver los problemas. En este capítulo desarrollaremos al aspecto de la meditación.

Una nueva manera de meditar

Cuando meditemos en las cosas de Dios podremos sentir lo que Él ha preparado para nosotros. La Palabra de Dios dice: «Pero nosotros no somos de los que retroceden para perdición, sino de los que tienen fe para preservación del alma ... Por tanto, nosotros también, teniendo en derredor nuestro tan grande nube de testigos, despojémonos de todo peso y del pecado que nos asedia, y corramos con paciencia la carrera que tenemos por delante, puestos los ojos en Jesús ... Mirad bien, no sea que alguno deje de alcanzar la gracia de Dios; que brotando alguna raíz de amargura, os estorbe, y por ella muchos sean contaminados» (Hebreos 10.39; 12.1,2,15).

El escritor manifiesta la posibilidad de perder ese éxito que buscamos al correr la carrera; no nos aconseja correr la carrera porque sí. La Biblia enseña de otra forma que pudiéramos transcribir de esta manera: *«¡Entra en la carrera, pero corre para ganar!»* Ganar el primer lugar; ese es el deseo de Dios para cada uno de nosotros.

Acostumbramos correr solamente por correr; participamos de la carrera para ver cómo nos va, y además ver cómo corren los demás, pero no estamos corriendo con una mente que dice «voy a ganar la carrera». ¡Dios quiere que corramos para avanzar y ganar! Esa es la razón por la cual el escritor dice: «Mirad bien». Note que para ello es necesario concentrarnos y meditar.

Deténgase y reflexione en estas palabras: «No sea que alguno deje de alcanzar la gracia de Dios». Esta es una expresión que debe hacernos detener y meditar en lo que leemos. Debe preguntarse: ¿Será posible que yo alcance la gracia de Dios? Pero, ¿qué es la gracia de Dios? Es el favor inmerecido que Dios dispensa y que ha preparado para usted y para mí. El relato del escritor nos demuestra que tal vez estemos corriendo la carrera y no alcancemos la gracia del Señor.

La tendencia de generación en generación es siempre ver lo negativo, lo malo, y robarnos nosotros mismos las oportunidades que la vida misma nos trae. Tenemos la tendencia de dejar que nuestros fundamentos, que son parte de nuestra cultura, y nuestra familia crezcan y se desarrollen transformándose en raíces de amargura. Tal vez el trasfondo de nuestra familia y de nuestra cultura sea de problemas. Tratamos nuestros resentimientos con cierto enojo y dejamos que esa herida emocional permanezca latente, crezca en nosotros y se haga más y más fuerte.

Cuando el escritor hace referencia a las raíces de amargura, se refiere a la parte de nuestro subconsciente y lo que allí atesoramos. Todo eso forma parte de la memoria, de lo que ha sucedido. Tenemos esta computadora, nuestra mente, que no se olvida de nada.

La Biblia nos dice que esas raíces son el estorbo más grande de nuestra vida. ¡Esto es lo que no nos permite recibir las bendiciones de Dios! Esto es lo que nos roba la posibilidad de estrechar su mano y apropiarnos de sus bendiciones. Esto es lo que siempre nos está desviando por el camino malo y nos lleva a tomar decisiones que no nos convienen. Las raíces de amargura quitan la posibilidad de tomar decisiones favorables.

Muchos me dicen: «Pero pastor, usted no sabe cómo fui criado, no sabe por lo que pasé en mi vida». Dios dice que «miremos bien, no sea que no alcancemos su gracia» ¡Dios mío! ¡Esto me hace temblar, me hace pensar, me hace escribir con más deseos! Yo acepto que tal vez usted haya tenido que atravesar momentos difíciles en la vida, tal vez el infierno mismo, pero Dios tiene cosas buenas para usted. Si Cristo Jesús tuvo que morir en la cruz del Calvario, como dice Romanos 8, fue porque Dios nos ama y quiere bendecirnos.

Constantemente estamos contagiándonos con cosas malas, ya que las buenas lamentablemente no son muy contagiosas. Si observamos una habitación con diez personas y todas están sonrientes y contentas, pero usted ingresó al lugar con «mala cara», en un instante el ambiente cambia, todos se ponen con «cara de vinagre» también. ¡Qué pronto nos contagiamos con esas cosas que provienen de raíces de amargura! «Alcanzar» es la palabra que utiliza el escritor bíblico, «no sea que alguno deje de alcanzar» ese logro. Debemos meditar, día y noche en aquello que hemos logrado por la gracia de Dios. ¡No medite en sus problemas, en el trasfondo o en las circunstancias negativas! ¡Medite en las cosas positivas del Señor!

Piense solamente esto y medite al respecto: «Yo no era nada y Cristo me salvó». ¡Qué bendición! Yo no sabía nada de la Biblia y ahora sé mucho. ¡Eso es un logro! *¡Observe los logros, no mire las derrotas!*

A veces las cosas más insignificantes son las más importantes. Nos olvidamos que la salvación es el tesoro más grande que tenemos. Nos olvidamos que somos pueblo escogido, linaje real, nación santa por la gracia de Dios.

Entonces, la palabra «alcanzar» habla de la gracia de Dios, de recibir ese favor divino. «Sabemos» que estamos bajo el favor de Dios. Él nos ve con ojos llenos de amor, con misericordia y con favor. Antes cantábamos un himno que decía: «Dios nos ve con ojos de favor». Antes de arrepentirnos de nuestros pecados, nos veía con ojos de juicio. Pero desde que nos tomamos de las manos de Jesús, nos ve con ojos de gracia (favor inmerecido).

Esta es la nueva manera de ver, una nueva manera de meditar y de pensar con el corazón. Estamos en un mundo donde hay mucho bullicio; donde nos movemos rápidamente. Necesitamos detenernos, meditar y decir: «¿Qué he alcanzado a través de Cristo Jesús?» Porque, si no fuera por Cristo, no hubiésemos logrado nada en absoluto. Cuando observamos los logros a través de Jesús, nos damos cuenta de que hemos logrado mucho. Sabemos bien que no lo merecemos pero, lo obtenemos por la gracia del Señor. Cuando pertenecíamos al mundo decíamos: «Yo lo hice». Y ese era nuestro orgullo. Aprendimos de nuestros antepasados esta expresión: «Con el sudor de mi frente hice tal o mas cual cosa». «A mí me ha costado mucho». «Nadie me lo regaló, yo trabajé para alcanzarlo». Hablábamos con ese orgullo, el orgullo del mundo.

Pero hoy tenemos una nueva manera de pensar, una nueva manera de meditar. Si vamos a tener lo que Dios quiere darnos no podemos pensar como el mundo. Eso no es lo que el Señor le aconsejó a Josué ni al salmista. Él nos enseña a meditar en los logros a través de Jesucristo. Todo lo que ahora hacemos debe ser en Jesucristo, eso es lo que nos da esa vida diferente y nos hace saber que somos una nueva criatura.

Al ser una nueva criatura, actuamos muy diferente a como lo hacíamos antiguamente. Por medio de las palabras del rey Salomón podemos darnos cuenta de cómo hablábamos antes:

> Dije *yo* en mi corazón: Ven ahora, te probaré con alegría, y gozarás de bienes. Mas he aquí esto también era vanidad. A la risa dije: Enloqueces; y al placer: ¿De qué sirve esto? Propuse en *mi* corazón agasajar *mi* carne con vino, y que anduviese *mi* corazón en sabiduría, con retención de la necedad, hasta ver cuál fuese el bien de los hijos de los hombres, en el cual se ocuparan debajo del cielo todos los días de su vida. Engrandecí *mis* obras, edifiqué para *mí* casas, planté para *mí* viñas; *me* hice huertos y jardines, y planté en ellos árboles de todo fruto. *Me* hice estanques de aguas, para regar de ellos el bosque donde crecían los árboles. *Compré* siervos y siervas, y *tuve* siervos nacidos en casa; también *tuve* posesión grande de vacas y de ovejas, más que todos los que fueron antes de mí en Jerusalén. *Me* amontoné también plata y

oro, y tesoros preciados de reyes y de provincias; *me* hice de cantores y de cantoras, de los deleites de los hijos de los hombres, y de toda clase de instrumentos de música. Y *fui* engrandecido y aumentado más que todos los que fueron antes de mí en Jerusalén; a más de esto, conservé conmigo *mi* sabiduría. No negué a mis ojos ninguna cosa que desearan, ni aparté *mi* corazón de placer alguno, porque *mi* corazón gozó de todo mi trabajo; y esta fue *mi* parte de toda mi faena. *Miré* yo luego todas las obras que habían hecho *mis* manos y el trabajo que *tomé* para hacerlas; y he aquí, todo era vanidad y aflicción de espíritu y sin provecho debajo del sol.

Eclesiastés 2.1-11 (cursivas añadidas)

Observemos cuatro cosas que resaltan en el pasaje y que en cierta manera representan la mentalidad del mundo sin Cristo. Tal parece que es un inútil quien escribe, sin embargo no es así. Recordemos que el escritor del mismo fue el hombre más sabio que hemos conocido, el Rey Salomón. Los cuatro puntos que queremos resaltar, son lo siguientes:

1. Todo es «yo» lo hice. «Yo» lo logré. ¿Sabía usted que nosotros somos nuestros peores enemigos? Le echamos la culpa a todo el mundo pero la verdad es que el yo en nosotros realmente nos ha robado la oportunidad de pedir ayuda antes de cometer errores y en su mayoría, los problemas nuestros son el resultado de malas decisiones. El mismo Salomón nos aconseja en otro de sus escritos: «Atended el consejo, y sed sabios, y no lo menospreciéis» (Proverbios 8.33).

2. Todo lo hice para mí. O sea, el propósito de toda su faena es él mismo. Alguien ha dicho: «No es lo que tenemos lo que nos da éxito sino más bien lo que hacemos con lo que tenemos que prueba lo que somos». Si no dejas un camino mejor con todos tus logros, para los que te siguen en la vida, no has dejado nada.

3. Dios no aparece en sus pensamientos ni en sus metas. ¡Qué triste! Tan sabio y a la vez tan torpe. Alguien ha dicho que las bestias son más inteligentes que los humanos. Ellas se inclinan antes de comer mientras que el ser humano dice: «No lo hago porque al fin de todas las cosas, yo lo hice todo».

4. Todo resulta en aflicción de espíritu y sin provecho alguno. ¿Será posible que un hombre tan sabio llegue al final de su vida diciendo «de nada sirvió», aunque nadie antes ni después haya logrado lo que humanamente él logró? ¡Claro que sí!

Si usted habla de la manera en que Salomón lo hizo, no permitirá que las bendiciones de un Dios amoroso lleguen a su vida y terminará su carrera totalmente amargado y destruido.

Si por la gracia entramos en el camino de la fe, ¿no cree usted que debiéramos continuar por la gracia en ese camino? Y aunque sabemos que es así, muchas veces cuando comenzamos a caminar en él, cambiamos el asunto y queremos regresar a lo que «yo puedo hacer», a lo que «yo puedo alcanzar».

El apóstol Pablo luchó con la gente de Galacia por este problema y les escribe aconsejándoles que si habían comenzado por la gracia, que no regresaran a la ley. ¿Qué sucede con nosotros? Ingresamos al camino de la fe, no por buenos ni porque lo merecíamos, sino por un favor inmerecido: la gracia. ¿No cree usted que deberíamos seguir caminando sobre esa misma base y desarrollar todo lo que Dios ha preparado para nosotros por gracia?

Pero, tenemos por naturaleza la tendencia de ver primero las derrotas. Si nos descuidamos y dejamos de meditar en los alcances, en los logros a través de Cristo, daremos vida a esas raíces de amargura para que crezca esa planta que más adelante nos destruirá junto a otros que nos rodean.

Nos concentramos más en las derrotas que en los logros. Algunas parejas se acercan contándome los problemas matrimoniales y les respondo: «Si ustedes tomaran la misma iniciativa y el mismo cuidado para salvar su matrimonio, enfocando los logros y no los fracasos, el matrimonio no se destruiría». Pasan el tiempo gastando sus esfuerzos y energía en mirar lo negativo, los problemas; o sea, se concentran más en las derrotas que en los logros.

El apóstol Pablo dice: «No recibáis en vano la gracia del Señor». «De Cristo os desligasteis, los que por la gracia os justificáis; de la gracia habéis caído» (véanse 2 Corintios 6.1 y Gálatas 5.4). ¿Por qué han caído de la gracia y regresado a la ley de las obras? ¿Qué fue lo que estorbó en sus vidas? Mas adelante pregunta: «¿Quién os estorbó para no obedecer a la verdad?» (Gálatas 5.7).

Todos atravesamos por problemas en la vida. A veces, al perder a un ser amado, o porque tuvimos un trastorno en el negocio, o porque hubo un problema físico y nos enfermamos, nuestra condición espiritual desfallece de tal manera que llegamos a creer que hemos perdido la gracia, pensamos que Dios no debe permitir que eso venga a nuestra vida. Pablo también nos pregunta: «¿Qué nos estorbó?»

Si usted está luchando con situaciones adversas, pregúntese a sí mismo: «¿Qué está estorbándome para no continuar en la gracia?» Cuando la descuidamos y regresamos a nuestra propia ley de las obras, entonces tenemos vergüenza, tenemos temor de acercarnos a ese trono de gracia. Ya no podemos acercarnos confiadamente y finalmente muchos se desvían del camino. Algunos caen en algún pecado y dicen: «Se acabó para mí todo. Ya no hay esperanzas para mi vida; ya no hay perdón para mí».

Es hora de que usted medite en sus logros a través de Cristo: Piense en esto:

1. *El que está en Cristo, nueva criatura es* (véase 2 Corintios 5.17)

2. *Ya no vivo yo; Cristo vive en mí* (véase Gálatas 2.20)

3. *Ya no hay ninguna condenación para los que están en Cristo Jesús* (véase Romanos 8.1)

4. *(En Cristo), las cosas viejas ya pasaron* (véase 2 Corintios 5.17)

5. *Tengo pensamientos buenos y no malos para ti (dice Jehová)* (véase Jeremías 29.11)

6. *Si creyeres, verás la Gloria de Dios* (véase Juan 11.40).

Ahora diga: «nunca más regresaré a la vieja manera de ver las cosas. Viviré en la vida nueva que Dios me da, en su gracia». El consejo del escritor bíblico es: «Acerquémonos (continuamente), pues, confiadamente al trono de la gracia» (Hebreos 4.16). La gracia siempre está disponible; la gracia nunca deja de ser.

Secreto siete

Comprenda que Dios no planea derrotas para usted

El éxito es su derecho de nacimiento.

Greenville Kleiser

Comprenda que Dios no planea derrotas para usted. Este es un secreto y una tremenda verdad que usted debe conocer bien por la Palabra del Señor. ¡Aprópiese de ella y vívala!

Entre lo dicho y lo hecho hay un gran trecho. Este conocido refrán refleja el problema de varios cristianos. Hablan del gozo cristiano, lo confiesan, pero no lo viven. Más bien, viven en derrotas o en problemas, y no en las victorias que el Señor les da. ¿Por qué cuesta tanto aceptar este gran principio bíblico?

Cada uno de los diez secretos que desarrollamos en estas páginas están fundamentados con la Palabra de Dios. Entonces, usted debe conocerlos, recibirlos, apropiárselos y decir: «Yo acepto lo que tú me enseñas. También acepto que tú no planeas derrotas para mí».

Hemos estado utilizando como texto de oro Romanos 8.28-32: «Y sabemos que a los que aman a Dios, todas las cosas le ayudan a bien ... para que Él sea el primogénito entre muchos hermanos ... El que no escatimó ni a su propio Hijo ... ¿cómo no nos dará también con Él todas las cosas?»

Dios quiere que seamos una familia grande y que todos nos parezcamos a su hijo Jesucristo y que Él *sea el primogénito entre muchos hermanos.* ¡Qué desafío!

No fue el hombre quién mató a Jesús. Tampoco fue el pecado. Dios lo entregó y lo llevó a la cruz, porque nos ama mucho. Ese era el precio de nuestra redención.

Si Dios no escatimó a su propio Hijo, ¿cómo no nos dará con Él también todas las cosas? Pero, ¿cuáles son todas las cosas? Eso exactamente: «*todas las cosas*». Nada queda fuera de ese «todo».

No habló únicamente de la bendición espiritual, que es la más importante, también tenemos bendición física y material. Hay bendiciones en el Reino de los Cielos para que nosotros vivamos todos los días de victoria en victoria. ¡Esa es la promesa que Dios ha dado a sus Hijos desde el principio de la creación!

A Josué le dijo: Después que guardes la Palabra que está escrita en este libro, la confieses y la medites de día y de noche, todo lo que hagas te saldrá bien (véase Josué 1.8). La Biblia está llena de promesas como esas y son para todos nosotros. *Las promesas de Dios valen tanto porque se cumplen.*

¿Por qué todos los problemas son para mí?

Eric Mohn aprieta los dientes al acercarse al lienzo para dibujar una obra digna de admiración. No es la concentración lo que le hace apretar los dientes después de 20 años de cultivar este arte. Se debe a que no puede usar sus brazos para pintar y «las manos» que cogen la pluma son sus dientes. Él dice que: «Estar incapacitado no tiene nada que ver con mi profesión, excepto que no puedo trabajar largas horas».

En otra parte de EE.UU. vive Martin Vogel quien usa otro peculiar instrumento para su arte, la silla de ruedas que le sirve para moverse. Él tira la pintura sobre el suelo y con las llantas comienza a dibujar una obra maestra de muchos colores. Dice: Mi inhabilidad es mi arte».

Las obras de ambos hombres han adornado las paredes de los museos tanto en Washington D.C. como en Beverly Hills. Pertenecen a una organización llamada, «Very Special Art» [Arte muy especial]. Creo que todos diríamos: ¡Amén!

¿A qué se debe que estos hombres han llegado a estas alturas aun con todas sus limitaciones? ¿Será porque alguien les dio una ayuda que no existe para otros? ¿Será porque «la suerte» les abrió una brecha en la vida?

¡No! ¡Mil veces no! Ellos viven por un lema: «¡NO ACEPTAMOS NINGUNA LIMITACIÓN!» (American Way [Modo americano], 15 de abril de 1998).

Entonces, ¿por qué sufrimos tanto si la voluntad de Dios es bendecirnos? Usted pensará: «¿Si Dios no ha planeado derrota para mí, por qué me encuentro en estas condiciones? ¿Por qué me encuentro siempre con problemas? ¿Por qué siempre vivo bajo maldición y no en bendición?»

Déjeme explicarle cinco razones que le ayudarán a encontrar respuesta a sus preguntas:

- En primer lugar, *usted tiene un enemigo*. ¡No lo olvide! Nuestro enemigo, Satanás, siempre está trabajando para derrotarlo. Él siempre va a meter su horrible uña escarbando su fundamento, su base, intentando encontrar un ladrillo flojo o suelto. De encontrarlo, intentará entonces sacarlo de allí para que se derrumbe su fe, su confianza y su estabilidad. Él no deja de trabajar en nuestra contra. Muchas personas dicen: «Anteriormente yo no tenía tantos problemas, ahora que soy cristiano tengo más». ¡Por supuesto, porque ahora tiene un enemigo!
- En segundo lugar, *Satanás reina sobre el mundo*. Cristo mismo lo llamó el príncipe de esta tierra. Si Cristo lo llamó de esta forma, así es. Él gobierna y controla toda la dimensión de las tinieblas en el sentido moral y

espiritual. Él coloca los alambres y las cuerdas para que aparezcan dificultades en su vida. Frente a estos problemas preguntamos: «¿Por qué permitió Dios que sucediera esto?» Pero en realidad no siempre es Dios quien lo permite, usted no debe olvidar que tiene un enemigo y que aquí reina. Por ejemplo, una noche tranquila va conduciendo su auto y aparece en el camino un hombre alcoholizado que se le atraviesa y ocasiona un gran accidente, como resultado del mismo su acompañante muere. Lo primero que hacemos es culpar a Dios. Pero Él no hizo tal cosa, sino que fue el diablo, quien reina en este mundo y quiere hacerle mal a todo ser humano, incluyendo a los cristianos. La diferencia es que para nosotros todas las cosas obran para nuestro bien.

- En tercer lugar, *el mundo no es la gloria, este no es el paraíso*. Los cristianos no queremos sufrir ni pasar por más problemas; pero nos olvidamos dónde estamos viviendo: en el mundo, en el reino de Satanás.
- En cuarto lugar, *pasamos por problemas porque Dios no ha terminado su obra en nosotros*; esa es la razón por la cual pasamos situaciones difíciles que todavía no entendemos. Dios todavía está trabajando en nosotros. Cuando Él tiene que tomar ese barro en sus manos (que somos usted y yo) y moldearlo, meterlo en el horno nuevamente para reconstruirlo, tal vez tenga que golpearlo; posiblemente tenga que echar más agua o arreglar algo que está desfigurado. *Todo lo que Dios tenga que realizar para hacernos «nuevos», duele*. Sí, nos duele, pero aun así Él lo hace o simplemente lo permite con el propósito de perfeccionarnos. ¡Dios no ha acabado la obra en usted, como tampoco en mí! Usted no es perfecto, yo tampoco. Nos falta mucho. Dios permite que nos sucedan cosas, para que podamos crecer y desarrollarnos.
- En quinto lugar, la última razón es que *el Señor dijo que aquí lucharemos*. Jesucristo nos dijo: «En el mundo tendréis aflicción» (Juan 16.33). Aquí, amigo, vamos a

pasar de problema en problema; de lucha en lucha. Aquí vamos a tener que lidiar con las circunstancias adversas de la vida todos los días. Pero la solución no es soltarnos de la mano de Dios, sino guardar esta gran verdad en el corazón y en la mente. Decirle: «Señor, yo aprendí por tu Palabra que tú no planeas derrotas para mí. Y aunque me vea atravesando por este camino y me vea en esta situación en que estoy, aunque otros crean que voy hacia el abismo, yo bien sé Señor que tú no has planeado un fracaso para mí. Por lo tanto, no acepto la idea de la derrota para mi vida». Quizás aprendamos la lección a través de un problema difícil o por un momento de crisis, pero no debemos ver en esto una derrota en nuestras vidas.

Nuestra manera de actuar es la siguiente, decimos: «Señor, quiero llegar al éxito. Pero quiero hacerlo como a mí me da la gana». Yo no sé ustedes, pero yo soy un poco así; a mí me falta mucho para la perfección. «Señor, mis ambiciones, mis deseos y mis sueños me empujan, quiero llegar allá. La verdad es que, a veces, no te hago mucho caso, después ando llorando y diciendo: ¿Dónde estabas cuando te necesité tanto?» Entonces el Señor nos dice: «Tú lo hiciste como quisiste; entonces te dejé que lo hicieras».

Al tiempo de la anterior oración, nos verán gritando: «¡Ayúdame Señor! ¡Sácame de este problema!» Lo que ocurrió es que nos metimos por cabeza dura y luego queremos que el Señor nos saque del problema. No nos damos cuenta de que nosotros mismos somos el problema más grande. *¡Yo soy mi peor enemigo!*

Cuando aprendamos a ser guiados por el Espíritu Santo, Él nos librará de hacer tales cosas. Entonces le diremos: «Señor, yo conozco tu Palabra, conozco tus principios. Yo sé cómo operas y deseo que en este paso que ahora tengo que dar, me digas si debo hacerlo o no. ¡Señor, tú no dejarás que me caiga, que tropiece y que me sienta derrotado porque me amas mucho!»

Algo similar experimenté con mi hijo mayor cuando era apenas un pequeño niño. Estaba parado sobre la mesa, me detuve frente a él y le dije que se tirase sobre mí. Primero me miró con desconfianza, y hasta un poco asustado, luego comenzó a acercarse más y más. Finalmente se tiró sonriente. Después, cada vez que lo volvía a hacer nuevamente, brincaba con más fuerza y más energía. ¿Qué fue lo que marcó el cambio? Él supo que yo no permitiría que él tropezara, que no lo dejaría caer derrotado. Sabía que lo amaba mucho y tuvo confianza en que lo iba a esperar y a sostener. Mientras estaba haciendo eso con mi niño, sentí que el Señor me habló diciéndome: «Así soy yo con ustedes. Si aprendieran a confiar y a descansar en mí, sabrían que no los voy a dejar caer en derrota, ni a dejar que tropiecen y se lastimen, porque los amo mucho». ¡Así es el camino de la fe!

Pero Dios es tan bueno que si cometo un error, Él no me da golpes en la cabeza, no me rechaza, no me dice torpe, tonto ni loco. Con tierno amor Él me recoge, me limpia las heridas y me pone nuevamente en el camino por el cual debo caminar.

Vivir lo que creemos

Pasando Jesús de allí, le siguieron dos ciegos, dando voces y diciendo: ¡Ten misericordia de nosotros, Hijo de David! Y llegado a la casa, vinieron a Él los ciegos; y Jesús les dijo: ¿Creéis que puedo hacer esto? Ellos le dijeron: Sí, Señor. Entonces, les tocó los ojos, diciendo: Conforme a vuestra fe os sea hecho.

Mateo 9.27-29

Este es el gran secreto, saber que Dios no planea ninguna derrota para usted. Ya conocemos y creemos esta verdad, pero no es suficiente creerla, es necesario vivirla. Todos los días debemos vivir a la luz de esa gran verdad.

Jesús preguntó a los ciegos: «¿Creéis que yo puedo hacer esto?» ¿Cree usted que Él puede hacer esto? Muchas veces nos preguntamos: ¿Creo realmente lo que estoy leyendo? Si este principio gobierna su manera de pensar, entonces todo lo que lea y todo lo que escuche del Señor lo creerá. Cuando vive a la luz de este principio, le dice que sí a todo lo que Dios le dice. La razón es que hay un principio que gobierna su manera de pensar y es que Dios no quiere que usted sea derrotado, Él quiere lo mejor para usted.

Los ciegos dijeron: *Señor, sí creemos*. Entonces, el Señor dijo: *Conforme a vuestra fe sea hecho. Les voy a dar lo que ustedes piden*. Esto revela que conforme a nuestra fe es hecho lo que estamos pidiéndole al Señor. Andrew Murray dijo: «Fortalézcanse en la omnipotencia de Dios. *No diga: ¿Podrá Dios? Diga más bien: ¡Dios puede!*».

¿Se recuerdan cuando el Señor Jesucristo maldijo la higuera porque no tenía frutos? La higuera se secó aquel mismo día, y cuando regresaban al día siguiente sus discípulos le dijeron: *Mira, Señor, se secó la higuera a la que ayer tú dijiste: Jamás nazca de ti fruto*. Él respondió: «De cierto os digo, que si tuviereis fe, y no dudareis, no solo haréis esto de la higuera, sino que si a este monte dijereis: Quítate y échate en el mar, será hecho. Y todo lo que pidiereis en oración, creyendo, lo recibiréis» (véase Mateo 21.18-22).

Jesucristo utiliza esta ilustración para demostrarnos que nosotros también podemos hacer cosas grandes si vivimos en esta plenitud de fe y en esta manifestación de lo divino. El deseo de Dios es que vivamos todos los días a la luz de esta gran verdad, de este gran principio. Él desea que usted y yo aceptemos la verdad de que Dios no planea derrotas para nosotros.

Observemos otro pasaje en segunda de Corintios, capítulo 12, que trata sobre la vida del apóstol Pablo. En este capítulo él habla de un aguijón en su carne. Dice que fue llevado al tercer cielo en el Espíritu, y nos lo cuenta de la siguiente manera: *Yo no sé si estaba muerto o estaba vivo, pero llegué al tercer cielo. Allí vi y oí cosas que no puedo decir ni manifestarles*. Pablo reconoció que era una experiencia notable, increíble, que otros no habían tenido.

«Y para que la grandeza de las revelaciones no me exaltase desmedidamente, me fue dado un aguijón en mi carne, un mensajero de Satanás que me abofetee, para que no me enaltezca sobremanera» (véase 2 Corintios 12.2-7). Él se conocía a sí mismo, y sabía que tendría tendencia de enorgullecerse por lo que había visto, y que podría llegar a expresarse hasta de esta manera: *¡Ah, Ah, yo he visto cosas que nadie ha visto, escuché cosas que nadie ha escuchado. ¿Ustedes se compararán conmigo? Nadie puede hacerlo porque yo he visto lo que ustedes no verán jamás.* Pablo entendió que ese aguijón había sido puesto por Dios para que no se gloriara. Usted y yo nos hubiéramos quejado como Pablo, pero él aprendió la lección. «Respecto a lo cual tres veces he rogado al Señor, que lo quite de mí» (v. 8).

Probablemente Pablo le reclamó al Señor: «Yo he escrito cartas que toda la Iglesia estudiará. He tenido revelaciones de ti, Dios mío, que nadie más ha tenido». Cuando Pablo dice en sus cartas: «Os doy un misterio», significa que había recibido algo directo del mismo cielo, una tremenda revelación que compartiría, y que ningún otro escritor de la Biblia había recibido. ¡Imagínese usted! Este hombre había sido escogido por los judíos para que fuera su líder y ahora viene Dios y lo arrebata y le dice: «Tú vas a tener otro Señor. El Señor de tu vida será desde ahora en lo adelante Jesucristo, el Hijo de Dios». Pablo se somete y Dios lo usa tremendamente.

Pero, ¿por qué le puso ahora un aguijón en la carne? Suponemos que ese aguijón era una enfermedad en la vista. ¡Pablo tuvo que sufrir mucho por el Señor!

Su enfermedad fue la razón por la cual Lucas debió ir con él. Lucas era el que escribía las cartas para el apóstol Pablo. De vez en cuando, Pablo escribía y decía: *Miren con la letra grande que les escribo.* ¡No podía ver bien! Este Pablo, en cierto aspecto, tenía el derecho de reclamarle a Dios y decirle: *Dios, hay un principio que gobierna mi manera de pensar y es que tú no planeas derrota para mí. ¿Por qué entonces me pones este aguijón?* ¡No se confunda! Todas las enfermedades que tenemos no las ha puesto Dios. Hay muy pocos casos en la Biblia que podemos decir que, efectivamente, Dios realizó un plan por medio de una enfermedad o por una derrota. Los contados casos que así sucedieron fueron porque había una lección que debían aprender. Ciertas veces, hay que atravesar por ese valle de sombra y de muerte.

¡Pablo tenía el derecho a reclamar! Tres veces le reclamó al Señor, al igual que Jesucristo reclamó tres veces en el jardín del Getsemaní para que el Padre pasara de Él aquella copa, hasta que finalmente aceptó su voluntad. Pablo agrega: «Y me ha dicho: Bástate mi gracia; porque mi poder se perfecciona en la debilidad» (2 Corintios 12.9). *Dios le está diciendo a Pablo: Mi poder, el que yo he puesto en ustedes, se perfecciona.* Hay un potencial enorme que Dios nos ha dado. La única manera de que el poder de Dios se manifieste es si Él recibe la honra y la gloria. Si usted pudiera lograr con su propio poder y fuerza lo que Dios está haciendo en usted, no necesitaría a Dios. Entonces, Dios no va a recibir la honra y la gloria si usted logra algo. Pero si está deprimido en la cama, viéndose en ruina, reconociendo su debilidad y encomienda su problema a Dios, Él obrará en esa situación como siempre lo hace. Así el poder de Dios se va a perfeccionar en usted. Él obrará en su debilidad y solo Él recibirá toda la honra y la gloria.

El relato del Rvdo. Percy Ainsworth nos ayudará a entender:

Dios envió a Elías al arroyo y este se secó (1 Reyes 17.7). No resultó adecuado para la necesidad del profeta. Le falló; Dios lo sabía; Él lo hizo fallar. Se secó el arroyo. Este es un aspecto de la providencia divina que confunde dolorosamente nuestra mente y prueba nuestra fe. Dios sabe que hay susurros celestiales que los hombres no pueden oír hasta que la sequía del problema y quizás del cansancio haya silenciado los murmurantes arroyos de gozo. Y Él no está satisfecho hasta que hayamos aprendido a depender, no de sus dones, sino de Él mismo.

No merecemos la gracia de Dios. Ese aguijón era para Pablo el recuerdo de saber que él no merecía haber recibido esa bendición del tercer cielo. ¿Cuántas veces usted se ha encontrado en situaciones difíciles, de crisis en el hogar, en el matrimonio, en las finanzas, o con su salud? Entonces dice: «Señor, si no fuera por tu gracia yo no podría salir adelante». La gracia del Señor nos anima todos los días a levantarnos y decir: «Aunque no lo merezco, Dios sigue estando conmigo».

Pablo nos dice luego estas palabras: «Por tanto, de buena gana me gloriaré más bien en mis debilidades, para que repose sobre mí el poder de Cristo» (2 Corintios 12.9). *¡Qué tremenda enseñanza! Humanamente no lo podemos comprender, pero ahora tenemos la mente de Cristo.*

Secreto ocho

Nunca dude lo que Cristo declaró en la cruz

La duda ve los obstáculos, pero la fe ve el camino.
La duda ve la noche oscura, ¡pero la fe ve el día!
La duda teme dar un paso, pero la fe se eleva hasta lo alto.
La duda pregunta: ¿Quién cree? Pero la fe responde:
¡Yo creo!
Si logramos entender estos secretos entonces seremos valientes.
¡Nunca dude cuando esté en pruebas (tinieblas) lo que Cristo declaró en la cruz (luz).

Con mi voz clamé a Dios,
A Dios clamé, y Él me escuchará.
Al Señor busqué en el día de mi angustia;
Alzaba a Él mis manos de noche, sin descanso;
Mi alma rehusaba consuelo.
Me acordaba de Dios, y me conmovía;
Me quejaba, y desmayaba mi espíritu.
No me dejabas pegar los ojos;
Estaba yo quebrantado, y no hablaba...
¿Ha cesado para siempre su misericordia?
¿Se ha acabado perpetuamente su promesa?
¿Ha olvidado Dios el tener misericordia?

¿Ha encerrado con ira sus piedades?
Dije: Enfermedad mía es esta;
Traeré, pues, a la memoria los años de la
diestra del Altísimo.
Me acordaré de las obras de JAH;
Sí, haré yo memoria de tus maravillas
antiguas.
Meditaré en todas tus obras,
Y hablaré de tus hechos.

Salmo 77.1-4,8-12

A veces nos sentimos perdidos, desorientados o con duda. ¿Será que Dios no me escucha? ¿Se habrá olvidado de mí? ¿Llegarán mis oraciones al cielo?

El salmista dijo: «Esta es mi enfermedad», soy yo el que duda, soy yo el que me olvido. Debo en realidad recordar que Dios ha prometido estar conmigo y no dejarme, especialmente cuando estoy atravesando un valle de problemas. Cuando todo parece desconocido, cuando sobreviene la incertidumbre y me hace titubear entre dos pensamientos, ¿me dejaré guiar por las circunstancias que me hacen víctima de la situación en ese valle desconocido? ¡Dudo cuando en realidad debiera recordar su promesa! ¡Esta es mi enfermedad!

Esta es la condición del hombre que dice: «No sé cómo me va a salir esto». Cuando el médico le dice: «Las primeras setenta y dos horas son determinantes, pero... no sé si pasará la noche». Cuando los directivos de la compañía le dicen: «No estamos seguros qué va a suceder el próximo año, si continuaremos o si habrá trabajo para todos». Este es el momento en que comenzamos a entrar en ese período en que nos controla lo negativo; allí nos olvidamos de lo que escuchamos en la luz y en el momento de claridad cuando Dios nos habló y el impacto de la Palabra llegó por primera vez a nuestro corazón, entrando profundamente en nuestra mente, estallando en nuestra alma y continuando su efecto en el corazón. Ahí sabíamos que la

Palabra de Dios es segura; pero frente a la adversidad nos olvidamos de lo que habíamos encontrado en la verdadera luz.

Si usted quiere tener éxito en su vida de cristiano, y caminar de victoria en victoria, de triunfo en triunfo, con absoluta fe, no dude de lo que ha visto y escuchado en la luz mientras esté transitando por las tinieblas. ¡Acuérdese de las promesas!

Fueron días hermosos e inolvidables cuando nacieron nuestros tres hijos. Todo era perfecto. Su cuerpecito, la madre, el hogar cristiano, las promesas de Dios. Si algo iluminaba el escenario era que sabíamos que Dios estaba con nosotros y que Él nunca nos dejaría, especialmente en lo que concierne a estas hermosas criaturas.

La Palabra es clara: «Los niños son herencia de Jehová». «Cree en el Señor Jesucristo y serás salvo tu y toda tu casa». «De ellos es el Reino de los Cielos». ¿Qué más podíamos necesitar? «Si Dios es por nosotros, quién contra nosotros?»

Pero llegó el día cuando uno de ellos, al igual que el hijo pródigo, decidió que él sabía más que todos los consejos que había recibido de su padre y aun de su madre. Escogió su propio camino que lo condujo cada vez más lejos de Dios. Lo claro ya no era tan claro. La luz parecía opacarse y que las tinieblas eran más fuertes que ella. Era como si el cielo guardara silencio mientras la voz del Amado no se escuchaba.

Era fácil dudar en las pruebas (tinieblas) lo que en la luz (cruz) habíamos escuchado.

Llegó el momento cuando todo parecía estar perdido. ¡PERO BRILLÓ LA LUZ! La luz de la Palabra: «No se turbe vuestro corazón, creed en mí». Con lo último de nuestras fuerzas, clamamos a Él. «Este pobre clamó y libróle de todos sus temores». Se fue el temor y la duda, y llegó la fortaleza, la luz, ¡y creció la fe! Aún no se veía el cambio en el joven pero la nueva fe nos decía, ya es del Señor. Y, ¡así fue!

Llegó el momento esperado y que habíamos anticipado cuando de rodillas él clamó por perdón al que es «lento para la ira y grande en misericordia», y lo vimos «nacer de nuevo» tal y como el Señor nos lo había prometido.

El poder de su Palabra

El valor no consiste en no tener temor sino en conquistar al temor. Decir que nunca tengo temor es decir que no vivo, que no existo, que no soy humano; es decir que he llegado a un estado de perfección. Ninguno de nosotros puede hablar en esos términos porque todavía somos como el barro.

Es común decir: «Esa es mi enfermedad. ¿Se olvidó Dios de mí?» Hablamos y pensamos así porque somos seres humanos. ¡No le tenga miedo a nada, solamente téngale miedo al temor! El temor es el que nos traiciona y produce en nosotros incertidumbre.

Uno de los presidentes de los Estados Unidos dijo: «No le tengamos temor a nada sino al mismo temor». El temor es gemelo de la duda y de la confusión. Siempre intentará detenernos, nos pone en camisa de fuerza y nos ata para que no podamos caminar; nos tiene paralizados y lleva a una condición totalmente negativa. Si entramos en temor, el mundo se nos cierra, los ojos se nos ciegan y no podemos ver claramente la Palabra de Dios. ¡Así no debemos caminar los cristianos! ¡Así no podemos caminar! Tenemos que comprender esta verdad de una vez y para siempre. El hombre que no conoce a Dios vive en el temor y la duda, y espera solo eso. Pero si el cristiano siempre viera de manera clara y recta no entraría en confusión. La Biblia dice que vemos en parte y conocemos en parte, vemos como por un vidrio oscuro y no percibimos aún las cosas claras. Eso es parte del motivo por el cual entramos muchas veces en esa condición humana de la duda.

A diferencia del inconverso que aunque se le presente la evidencia de la Palabra no cree en ella, el cristiano sí la cree y la acepta por fe. ¡Eso es lo importante! Es lo que mueve el corazón de Dios, y es lo que debe mover también el suyo!

Diga de esta manera: «No tengo que ver cómo Dios dará solución a este asunto, no tengo que ver claramente qué está sucediendo. Tampoco tengo ahora que entender todas las cosas. Me basta solamente con saber que si Dios lo dijo, eso es suficiente».

Así que no dude cuando esté en sus pruebas respecto a lo que Cristo declaró en la cruz. Él también dijo: «En el mundo tendréis aflicción pero, confiad en mí. Yo he vencido al mundo». Vamos a atravesar momentos difíciles, pero debemos seguir confiando en Dios porque Él dice: «Sigue confiando en mí». El verbo que Dios utiliza en esta frase es demandante, es Él mismo diciendo: «No tienes alternativa, confía en mí». No nos da opción, no tenemos alternativa, confiemos en Él.

El Señor cierra en su vida la puerta a todo lo humano y quiere hacerlo ingresar a todo lo divino para luego entender que, a pesar de esos momentos de incertidumbre en esta tierra, debe y puede seguir confiando en Él y en su Palabra.

Cuando Dios habló con Josué le dijo: «No temas ni desmayes». Ya se lo había dicho antes frente al gran líder Moisés. Dios le dice a Moisés: *Ponle la mano y hazle saber que yo lo he escogido para que siga adelante el camino que tú estás emprendiendo. Llegará el momento cuando tú no estarás y él deberá seguir adelante. Pero hazle saber que yo lo he escogido y que como estuve contigo también estaré con él* (véanse Números 27.18 y Deuteronomio 31.23).

Cuando Josué se encuentra frente al Jordán, frente al enemigo, frente al reto más grande de su vida y Moisés ya no estaba con él, el Señor le repitió las palabras: *Acuérdate, que te dije que como estuve con mi siervo Moisés, estaría contigo. No te voy a dejar, no temas ni desmayes* (véase Josué 1.5,9).

Dios sabía que aunque este hombre lo conocía, cuando entrara en las «tinieblas» probablemente dudaría de lo que había escuchado en la «luz». En los momentos difíciles de la vida se necesita recordar y creer las Palabras que Dios nos dijo.

Probablemente muchas veces Dios le ha dicho: «No temas ni desmayes», y aunque la situación sea difícil, Él se lo vuelve a repetir porque quiere recordarle lo que le ha dicho en la «luz».

David escribió: «¿Por qué te abates, oh alma mía, y te turbas dentro de mí? Espera en Dios; porque aún he de alabarle, Salvación mía y Dios mío» (Salmo 42.5). Nos gustan los salmos porque tienen un lenguaje humano. A través de ellos sentimos el palpitar del corazón del hombre. Podemos identificarnos con los salmos porque es terreno conocido para nosotros. Pero cuando ingresamos en el camino de lo profético nos quedamos como pasmados, con la boca abierta y nos apartamos porque desconocemos el lugar y no podemos entender ni deducir bien las cosas.

Cuando David dijo: «¿Porqué te abates, oh alma mía?», podemos identificarnos mucho con él. El alma de David estaba temblando, confusa, insegura y con duda. «¿Dónde está Dios?», se pregunta y luego, con cierto coraje pero a la misma vez con duda, dice: «¿Por qué te turbas dentro de mí? Espera en Dios». *Dudar es humano, creer es divino*. Somos humanos pero podemos creer por la Palabra de Dios que es eterna. Agárrese de lo que es eterno, de lo que es divino, sujétese a lo que ya venció al mundo.

David también dijo en otro salmo: «Este pobre clamó, y le oyó Jehová, y lo libró de todas sus angustias» (Salmo 34.6). Cuando no tenga fe, clame a Dios. La fe viene por la Palabra de Dios. Él sembró fe en nosotros cuando fuimos salvos. Ahora, alimente esa fe con la Palabra para que crezca. No reduzca la fe a una emoción. No reduzca la obra gloriosa que es parte de su naturaleza espiritual al nivel de las emociones porque de esa forma pierde el valor de todo lo que es. Usted entonces querrá controlar su fe y no lo logrará porque está en el espíritu de la nueva criatura. Cuando tratamos a la fe como una emoción es muy fácil perderla. Es preferible decir: «¡Señor, no siento fe, por eso clamo a ti!»

Jesús le dijo a Marta, cuando su hermano Lázaro murió: «¿No te he dicho que si crees, verás la gloria de Dios?» (Juan 11.40). En el momento más difícil, frente a la muerte, frente a las tinieblas es cuando más brilla la luz de la Palabra. Pero si nos dejamos guiar por esta carne débil no brillará, sino que más bien la opacaremos. Esto se aprende a base de práctica: «Tú lo dijiste Señor, yo lo creo». Eso es fe, es tomar en serio lo que Dios dice y creer que Él está dirigiendo todo en nuestra vida.

Un niñito surcaba el océano con su padre que era el capitán de un barco. De pronto se vieron atrapados por una gran tormenta que comenzó a azotarlos. Los tripulantes estaban atemorizados por las terribles olas que sacudían la embarcación como a un corcho. Pero el niño se mostraba tranquilo, con su vista fija en un solo punto. Así se sostuvo imperturbable mientras el barco se movía de un lado a otro a causa de las grandes olas. Entonces, alguien le preguntó si no tenía miedo, a lo que él rápidamente respondió: «Tengo mis ojos puestos en esa ventana. A través de ella puedo ver el puente de mando, y en él se encuentra mi padre. Él es el capitán del barco y ha salido muy bien de muchas tormentas». ¡Eso es saber quién está en control! ¡Eso es fe!

Sencillamente la fe es aferrarse a la Palabra de Dios y confiar en ella. Aunque sus ojos vean una cosa, por fe usted verá otra.

Muchas veces le digo a los padres en mi congregación: «Miren a sus hijos tras la cruz». Mire esa cruz y diga: «Está estampada sobre mi hijo, sobre mi familia, mi negocio». Ponga la cruz del Señor delante de sus problemas.

Muchas veces las tinieblas son el producto de nuestra imaginación. ¡Eso es lo horrible de nuestra mente y de nuestras emociones! No podemos saber la diferencia entre lo verídico y lo que no es; lo que es real y lo que es imaginario. Muchas veces el temor es el resultado de la imaginación. Usted dice: «Esa persona no me quiere». ¿Y cómo lo sabe? «Porque lo siento así», me responde. O dice: «Me va a ir mal». ¿Cómo lo sabe? «Porque lo siento así», exclama. Imagínese vivir toda una vida de esa manera, especialmente como cristiano.

La Palabra de Dios dice: «Aunque ande en valle de sombra y de muerte no temeré mal alguno». No tenemos por qué temer si estamos confiando en las promesas del Señor. ¿Sabe usted cómo disipar las nubes de las tinieblas? Con la luz de la Palabra. *Cielos y tierra pasarán pero mis palabras permanecerán para siempre*. Nunca dude lo que Cristo declaró en la cruz mientras transite por las pruebas. Medite en las gloriosas palabras que Él pronunció mientras agonizaba en el Calvario cuando necesite ánimo, especialmente si está caminando por un período de sombras, dudas, confusión, incertidumbre y desorientación. Agárrese de esas declaraciones que le darán la luz que usted realmente necesita.

Fueron siete «Las Palabras» de Jesús mientras colgaba del cruel madero. En ellas encontramos de manera progresiva la voluntad y el deseo de Dios para la salvación del hombre y la promesa de bendición que descansará sobre él al entregarse completamente al Señor. Por decirlo así, son la suma del Evangelio y describen el corazón de Dios. Le invito a meditar en cada una de ellas:

- LA PRIMERA: «*Padre, perdónalos, porque no saben lo que hacen*» (Lucas 23.34). Esta es la palabra de perdón y compañerismo. Jesús vino a perdonar a los pecadores para que a través de ese perdón estos hicieran de Dios su Padre Celestial, a fin de que como hijos puedan ser coherederos de todos los bienes de Dios. Recuerde que nuestro texto de estudio dice: «¿Cómo no nos dará Él todas las cosas?» ¡Claro que sí!
- LA SEGUNDA: «*De cierto te digo que hoy estarás conmigo en el paraíso*» (Lucas 23.43). Esta es la palabra de promesa. Fue dirigida a uno de los malhechores que colgaba junto a Él y que en su último momento de vida extiende una petición a Jesús, pidiéndole que tuviera misericordia de él. Si Jesús le promete no olvidarlo a pesar de que este moría por sus delitos, ¿cuánto más no hará por ti que has recibido perdón? Las promesas del Señor son seguras. No dudes en las tinieblas lo que Él ha dicho en la luz.
- LA TERCERA: «*Mujer, he ahí tu hijo; hijo, he ahí tu madre*» (Juan 19.26,27). Esta es la palabra de compasión. La Biblia nos recuerda que Dios se compadece de nosotros como el padre de sus hijos.

Observe que en estas tres primeras palabras Él hace intercesión por nosotros, Él restaura la persona y bendice a los suyos.

En las palabras cuarta y quinta, vemos algo del Hombre-Dios sufriendo en su humanidad. Estas dos fueron en las tinieblas y revelan algo del misterio del sufrimiento. Pero aún tienen luz para nosotros. Nos revelan que sufrió como usted y yo sufrimos y que Él puede identificarse con nuestro dolor. Cuando esté pasando por su «valle de sombra y de muerte», recuerde que Él también sufrió y venció. «¡Porque Él venció, hoy nosotros somos más que vencedores!»

- LA CUARTA: *«Dios mío, Dios mío, ¿por qué me has desamparado?»* (Marcos 15.34) Esta es la palabra del Dios-Hombre. Es la única vez que Jesús llamó Dios a su Padre. Si Él lo llamó en su momento más difícil, usted también lo puede hacer. Tenga fe. Él promete no dejarnos ni desampararnos nunca. Otros te abandonarán pero Él nunca te dejará.
- LA QUINTA: *«Tengo sed»* (Juan 19.28). Esta es la palabra del sufrimiento humano. Todos somos seres necesitados. Mientras estemos viviendo esta vida nunca podremos decir: «ya lo alcancé todo, no tengo necesidad de nada». Especialmente, cuando luchamos para desarrollar todo nuestro potencial, es bueno saber que Él suplirá todas nuestras necesidades conforme a sus riquezas en gloria porque Él conoce nuestras necesidades.
- LA SEXTA: *«Consumado es»* (Juan 19.30). Esta es la palabra de victoria. La obra de la redención y restauración para su vida está hecha. Ya no se le puede agregar ni quitar nada. La obra está completa. Así es que Él lo ha provisto todo para su desarrollo. Por la obra consumada en la cruz usted puede llegar a ser todo lo que el diseño de Dios requiere.
- LA SÉPTIMA: *«Padre, en tus manos encomiendo mi espíritu»* (Lucas 23.46). Esta es la palabra de confianza. Representa una de las más poderosas para usted en su desarrollo. Nos habla de tener confianza en Dios y descansar en Él. Para Jesús no fue su muerte un brinco a las

tinieblas, ni un clavado al abismo de lo desconocido. Era regresar a casa en los brazos de su Padre Celestial. Es lo mismo que cuando usted y yo luchamos para desarrollar todo lo que en verdad somos; no estamos dando pasos inseguros. Sabemos en quién hemos confiado. Él no dejará que su pie tropiece. Él nos dice: «Confía en mí y yo haré». Con mucha razón dice la Palabra: «El que confía en Dios no será avergonzado».

Así como el niñito, usted también puede decir: «El Capitán de mi barco es Dios; por tanto, se que llegaré al final de mi jornada, y he de lograr todo el potencial que está en mí».

Secreto nueve

No maldiga lo que Dios ha bendecido

No nos limitemos a contar nuestras bendiciones, sino también a pensar en la fuente de ellas.
   Si no tiene nada por lo cual estar agradecido, tenga por cierto que algo le está pasando.

Uno de mis libros favoritos de la Biblia es la carta del apóstol Pablo a los Efesios. Los primeros tres capítulos explican lo que *somos* en Cristo. Los capítulos del cuatro al seis expresan lo que *hacemos* en Cristo. He hecho un estudio minucioso de este libro y lo he predicado versículo por versículo por lo menos cuatro o cinco veces. Cada vez que predico sobre él descubro más verdades.

El secreto que desarrollaremos en este capítulo es: «*No maldiga lo que Dios ha bendecido*». Aunque parezca un juego de palabras, no lo es. Es una frase muy fuerte. Es una enseñanza que ahora que es cristiano deseo que haga suya y llegue a formar parte de su manera de pensar.

Como rastros del viejo hombre quedan algunos resabios que aún nos cuesta trabajo quitar, entre ellos el uso de las malas palabras y maldiciones. Cada una de ellas son parte de nuestra cultura. Cuando cuatro o cinco hombres se reúnen en una plaza o en una cafetería para conversar, no se debe sentar muy cerca de ellos porque su conversación se basa en puras maldiciones, chistes sucios y corrientes, y por supuesto palabras groseras. Debemos darnos cuenta de que al decir esas palabras, en esencia estamos destruyendo, deshaciendo algo que Dios quiere levantar.

Si nosotros que ya hemos entrado en Cristo, dejamos que ese hombre viejo reviva, saldrán con el tiempo de nuestra boca palabras que nunca debiéramos haber dicho y nos justificaremos diciendo: «Me descuidé».

Hay palabras que ya no deberían pertenecer a nuestro vocabulario, ni formar parte de nuestras conversaciones, ni de nuestra mente. Dios debe lavar nuestra boca con el jabón del Espíritu Santo para jamás decir cosas que no nos convienen.

En cuanto a cómo desarrollar el potencial, si continúa maldiciendo por medio de las malas palabras, está deteniendo, y hasta a veces deshaciendo, aquello que está en usted para desarrollarse a la imagen divina. ¡No queremos ser instrumentos de Satanás sino de Dios!

> *Bendito sea el Dios y Padre de nuestro Señor Jesucristo, que nos bendijo con toda bendición espiritual en los lugares celestiales en Cristo, según nos escogió en Él antes de la fundación del mundo, para que fuésemos santos y sin mancha delante de Él, en amor habiéndonos predestinado para ser adoptados hijos suyos por medio de Jesucristo, según el puro afecto de su voluntad.*
> Efesios 1.3-5

Pablo nos dice que Dios nos bendijo, pero ¿con cuánta bendición? Con *toda* bendición espiritual en los lugares celestiales. Esa bendición proviene del mismo cielo. Si la persona de Cristo Jesús está en su vida, usted tiene todas las bendiciones del Señor.

El tiempo de la bendición que Dios impartió para su vida proviene desde antes de la *fundación* del mundo.

El propósito de esa bendición es que fuésemos santos y sin mancha delante de Él.

El poder de la bendición es el amor de Dios, es la esencia de Dios mismo. No lo hace Dios porque usted lo merece, sino porque Él lo quiere hacer. Usted es objeto de bendición.

¡No maldiga más!

Una de las distinciones que nos separa de la vida pasada es que ya no maldecimos, sino bendecimos. ¿Por qué? Porque somos bendecidos para bendecir.

No debe olvidar el propósito de nuestra creación. En primer lugar, el diseño. Dios nos hizo a su imagen y semejanza. El diseño que Dios utilizó para usted y para mí es tal, que garantiza nuestra bendición, nuestro éxito, y también garantiza que somos receptores de todo lo que es y tiene Dios. Él nos hizo para que seamos más que un representante, nos hizo para ser un receptáculo. No somos Dios, pero somos como Dios. ¡Recuérdese de eso! No podemos descuidar el hecho que cuando hablamos maldiciendo, estamos dañando el diseño mismo de Dios.

Somos criaturas de Dios para estar con Dios. Fuimos creados por Dios para ser compañeros de Dios. Si Dios hizo ese diseño tan importante y tan especial, fue seguramente para darnos la garantía de que estamos hechos para el éxito, para poder triunfar, para lograr y alcanzar todo lo que Él quiere poner en nosotros.

El diseño también nos habla del propósito: ser un receptor de las bendiciones de Dios. El Bendito bendice. El Bendito no maldice. Dios no maldice a nadie. Usted se maldice a sí mismo porque es esclavo del pecado que lo ha arruinado y ha traído maldición a su vida. ¡Dios no lo ha maldecido! Al único que ha maldecido es al mismo diablo y a todos sus ángeles a causa de su rebelión y los envió a las tinieblas por toda la eternidad. Pero Dios en Cristo Jesús se ha propuesto una sola cosa para el ser humano: bendecirlo. Dios lo creó con propósitos gloriosos. Él lo hizo para que usted sea su imagen y semejanza, para que sea la corona de la Creación. Él lo hizo para que sujete todas las cosas y las use para su bien y el de los demás seres humanos.

Pero entonces, entró el pecado que lastimó y arruinó la imagen de Dios en el hombre.

Dice la Escritura en el libro de Génesis, que el Señor se enojó y dijo a la serpiente: «Pondré enemistad entre ti y la mujer», por el pecado que había venido a su vida. A la mujer le dijo: «Multiplicaré en gran manera los dolores en tus preñeces». Y al hombre dijo: «Por cuanto obedeciste a la voz de tu mujer, y comiste del árbol que te mandé diciendo: No comerás de él; MALDITA será la tierra por tu causa; con dolor comerás de ella todos los días de tu vida» (véase Génesis 3.14-17, énfasis añadido).

Dios no maldice, sino que a causa del pecado en el hombre la tierra es maldita. Imagínese, Dios había hecho al hombre a su imagen y semejanza, garantizando el hecho de que él iba a tener éxito y a triunfar en todo lo que emprendiese. Dios nos hizo con el propósito de que seamos el receptor de las bendiciones de Dios y poder ser de bendición a otros. Y ahora, Dios dice: «Espinos y cardos te producirá, y comerás plantas del campo. Con el sudor de tu rostro comerás el pan hasta que vuelvas a la tierra, porque de ella fuiste tomado, pues polvo eres y al polvo volverás» (Génesis 3.18,19). Jamás Dios había dicho que el hombre moriría; el hombre no debía haber sufrido, mucho menos estar enfermo; pero entró el resultado de esa rebelión, el pecado, que trajo maldición al hombre mismo. Desde ese entonces, el hombre se ha tornado en un instrumento de maldición. ¡Si no lo cree, mire a su alrededor! Todo nuestro mundo refleja una sola cosa: la maldición que está en el hombre y el pecado que vive en él. Esa rebelión ha hecho que el hombre sea maldición. Por eso hablamos maldición y producimos maldición. El pecado destruyó el diseño y el potencial en el hombre.

Dios le dio muchísimas promesas a Israel, pero me interesa destacar el texto en Deuteronomio capítulo 28 que le recomiendo lea en su Biblia y en donde Dios manifiesta las bendiciones de la obediencia y las consecuencias de la desobediencia.

En otra parte, cuando el pueblo de Israel entró a la tierra prometida, los llevó a dos montañas y les dijo: *Escojan, la montaña de bendición o la montaña de maldición* (véase Deuteronomio 11.26). Siempre Dios llevó delante de ellos ese privilegio y posibilidad de elección. ¿Por qué lo hacía Dios? Porque quería que ellos despertaran a la verdad de que Dios los había escogido como al hombre original, para bendecirlos y que ellos fueran bendición a la raza humana. Pero lo triste es saber que ellos descuidaron este privilegio que Dios les había dado al ser objetos de bendición e instrumentos para bendecir.

A veces también nosotros nos descuidamos. Dios nos dice: «Ustedes escojan. Si eligen la obediencia tengan por seguro que voy a bendecir sus casas, sus campos, sus ganados y el vientre de sus mujeres; voy a bendecir sus hijos y sus nietos; van a tener abundante comida y nunca van a pedir prestado».

Jeremías, en un momento de su vida, reflejó la mentalidad del hombre al decir: «Maldito el día en que yo nací; el día en que mi madre me dio a luz no sea bendito» (Jeremías 20.14). Yo deseo que usted no hable nunca de esta manera. Acuérdese de este secreto: «Nunca maldiga lo que Dios ha bendecido».

Dios le dijo a Jeremías que Él lo había escogido desde el vientre de su madre para que fuese bendición. Le dijo: «Te di por profeta a las naciones». Pero Jeremías estaba muy enojado, y lamentándose dijo: «Maldito el día en que yo nací; el día en que mi madre me dio a luz no sea bendito. Maldito el hombre que dio nuevas a mi padre, diciendo: Hijo varón te ha nacido, haciéndole alegrarse así mucho» (Jeremías 20.14,15). Fíjese cómo está hablando este hombre de Dios. Creo que lo que dice Jeremías refleja en gran parte lo que es el sentir del hombre de hoy día.

La tendencia del ser humano es estar siempre quejumbrosos, diciendo: «¡Dios es tan ingrato! Él no ha sido bueno conmigo, no ha sido justo». ¡Quejas, y más quejas! ¡Siempre viendo lo malo, nunca lo bueno! ¡Siempre hablando lo negativo y nunca lo positivo!

Pero cuando llegamos a Cristo la Palabra de Dios dice que somos nuevas criaturas, «las cosas viejas ya pasaron, todas son hechas nuevas» incluyendo cómo hablamos y cómo pensamos.

No podemos seguir maldiciendo lo que Dios ha bendecido. Si usted es producto de la gracia de Jesucristo en la cruz del Calvario, ya está bendecido. Por lo tanto, no debe permitir en su mente la idea, ni el pensamiento, ni los conceptos de maldición. Siempre debe hablar y proclamar las verdades de Dios y su bondad.

Bendición o maldición

La palabra «maldición» viene del maligno, viene de la palabra «mal». Uno de los nombres que Dios le dio a Satanás es maligno y todo lo que hace es producir y hacer el mal.

La palabra *bendición* viene de «bueno». Todo lo que Dios nos da es bueno. Cuando hablamos maldición estamos cooperando con el mismo diablo; estamos representándolo a él, pensando como él, sembrando la semilla de maldición. Sin embargo, cuando hablamos bendición, como nos dice Romanos 12.14: «Bendecid a los que os persiguen; bendecid, y no maldigáis», sembramos bendición. Más claro no nos puede hablar la Palabra. *No somos llamados a maldecir, sino a bendecir.*

Veamos ahora cuáles son los resultados de la maldición:

1. *Cuando maldecimos estamos destruyendo el potencial que está en nosotros.* Las heridas más profundas son las que provienen de palabras «mal dichas», con un sentimiento de maldición. Muchos todavía están bien lastimados aunque han venido a Cristo Jesús. ¿Cómo lo maltrató su padre o su madre? ¿Qué sobrenombre le decían de pequeño? ¿Todavía tiene heridas? ¿Están sangrando todavía? En realidad no se han sanado porque no ha permitido que Dios se haga cargo de ellas y por esa razón quizás sigue hablando maldición y palabras llenas de condenación. Así destruimos el potencial de Dios en nosotros. El deseo de Él es que se desarrolle la nueva criatura de bendición en nosotros y que el hombre viejo mengüe y muera. Pero mientras seguimos maldiciendo no va a suceder eso, sino lo opuesto.

2. *Si maldecimos estamos cooperando con el mismo Satanás.* Apocalipsis nos dice que él es el acusador de los santos. Cuando

usted maldice a un hermano en Cristo está acusándolo, pues está diciendo que no merece la bendición de Dios porque no ha sido hecho para ser receptor de la misma. Usted mismo contradice lo que la misma Escritura enseña. Entonces, cuando usted maldice está cooperando con el mismo diablo.

3. *Al maldecir estamos proclamando que la obra de Cristo no está completa en nosotros*. Si maldecimos, estamos diciendo: «Cristo está muy pequeño en mí». ¿Está Cristo en usted o no? Si es del Señor, entonces no debe pensar así ni puede maldecir. Si maldice, estorba la obra de Dios en usted.

«Sed santos», dice el Señor. «Santo» quiere decir que todo lo que usted es, lo aparta y se lo entrega a Dios, incluyendo especialmente su mente y su manera de hablar. Esa cultura del pasado debe morir; desde ahora deben ser las enseñanzas de Cristo las que rigen su manera de pensar, y todos los conceptos que se desarrollen en su corazón y en su mente deben estar alineados con la perfecta voluntad de Dios.

4. *Cuando maldecimos, destruimos, atamos y tumbamos*. Por ejemplo, si usted maldice su matrimonio, o a sus hijos diciéndoles «tontos, no sirven para nada», está atando a aquellos a quienes más ama. Cuando maldice contra usted mismo y dice: «No sirvo para nada, nunca hago las cosas bien», está sentenciando su propio potencial. ¡Nunca maldiga lo que Dios bendijo! Dios, el Padre, entregó a su propio Hijo en la cruz del Calvario para remisión de sus pecados. Si Él ha dado lo mejor que tiene para usted, ¿cómo se atreve a maldecir lo que Dios ha bendecido? El Bendito lo ha bendecido en Cristo Jesús desde antes de la fundación del mundo. ¿Cómo se atreve a decir: «No sirvo para nada»? No hay nada de santidad, ni de humildad en esas palabras. Dios no dio a su Hijo por basura, sino por almas preciosas que merecen la gracia y la misericordia de Dios para vivir con Él eternamente.

Al maldecir, destruimos esa imagen y ese potencial que está en nosotros. Lo mismo sucede si maldecimos a nuestros hermanos en Cristo, estamos lastimando a Cristo mismo. *Si lo haces a uno de estos, mis pequeñitos, me lo estás haciendo a mí*, dijo el

Señor. Con cuánta facilidad maldecimos en lugar de bendecir. En esa senda equivocada, caminamos en contra de lo que Dios ha dicho: «Bendecid y no maldigáis».

Asuma la bendición

1. Dé gracias a Dios todos los días de su vida por lo que Él es en usted y por lo que usted es en Él. Cada mañana dígale: «Gracias Padre, porque tú eres mi Señor y Salvador». No debe existir en esta frase una sombra de duda, ni un signo de interrogación. Pablo expresó victoriosamente: «Ya no vivo yo, Cristo vive en mí». Confiese usted entonces: «Cristo es en mí la esperanza de gloria. Soy bendecido en Él». Y finalmente podrá exclamar como Pablo: «Todo lo puedo en Cristo que me fortalece».

2. Bendiga todo lo que Dios ha bendecido. Entre esas cosas está su propia persona; comience por usted. Muchos aceptan que Dios los ha perdonado, pero ellos no se perdonan a sí mismos; todavía cargan ese montón de pecados que cometieron en el pasado. ¡Dios ya los perdonó, tomó sus pecados y los echó a lo profundo del mar! No se acuerde más de ellos. Pero muchas personas todavía los llevan sobre las espaldas. De esta manera, Satanás aún tiene la oportunidad de acusarlo. Él quiere que usted se sienta maldecido y condenado. Satanás hace su parte, el problema es que usted mismo es quien le abre la puerta. ¡Dios ya no lo ve como pecador! Él lo ve a través de la persona de su Hijo, y lo ve limpio.

Mientras esté leyendo este libro, pasee por la habitación, por la sala y diga en voz alta: «Soy justo y santo por Cristo Jesús;

Él hizo una obra tremenda en la cruz del Calvario para limpiarme de todo pecado y de toda maldad». *Bendiga lo que Dios ha bendecido*, usted y yo fuimos bendecidos desde antes de la fundación del mundo en Cristo.

Bendiga su matrimonio todos los días. Dice la Palabra que el matrimonio es santo, por lo tanto tiene la bendición de Dios. Déle gracias a Dios por su esposa, por su esposo, y comenzará a observar resultados sorprendentes.

Bendiga a sus hijos, no los maldiga. Dice la Biblia que ellos son herencia de Jehová. ¡No maldiga lo que Dios ha bendecido! ¡Con cuánta soltura de palabras maldecimos a nuestros hijos! Puedo asegurarle que a través de esas maldiciones los estamos atando para el resto de sus vidas.

Bendiga a sus hermanos en Cristo, todos somos miembros del mismo Cuerpo de Cristo. Si usted maldice a una parte del Cuerpo, condena al resto y no permite que todo crezca eficazmente.

3. Acepte su potencial. Pablo dice: «Soy bendecido con toda bendición espiritual». Usted puede decir lo mismo. Estudie, escudriñe y memorice la Palabra de Dios. En los momentos de prueba podrá aferrarse de cada versículo aprendido. Estas porciones hablan del deseo de Dios para nuestras vidas, por medio de ellas *descubrirá que la luz de la Palabra pone de manifiesto lo falso del hombre.*

Mientras viajaba en el avión, escribí estas palabras: «Un jardinero sabio siembra la buena semilla para cosechar abundante fruto». La buena semilla es la Palabra del Señor. Cuando siembre la Palabra en su ser, cosechará abundante fruto que llevará honra y gloria a Dios. Ese fruto, no es para nadie más que para usted. El jardinero come de su propio fruto. Necesitamos jardineros sabios. «Maldecir es destruir, bendecir es construir».

Dedique un tiempo especial para meditar en esta pregunta: «¿Quiere derrumbar o construir?» Usted escoge. Usted y yo tenemos el privilegio de cooperar con Dios y vivir su santa Palabra.

Secreto diez

Observe lo que tiene, no lo que ha perdido

He tenido muchas cosas en mis manos y las he perdido todas; pero todo lo que he podido poner en las manos de Dios lo tengo todavía.
Martín Lutero

Esa es una gran verdad. ¡Dios no le quita nada! El temor de cada persona que es confrontada con el mensaje de arrepentimiento, es perderlo todo. Lo único que quieren ver es lo que perderán. Dicen: «Ya no podré hacer esto o aquello. Ustedes los cristianos son muy fanáticos, y no creo que yo pueda desistir de hacer todas las cosas (pecados) que he hecho por tanto tiempo». Si por un momento pensaran seriamente en lo que están por ganar y no en lo que van a perder, creo que no se detendrían un solo momento para decidirse a seguir al Señor.

Otra observación que deseo compartir es que queremos que Dios haga todo por nosotros mientras hacemos poco de nuestra parte. Recuerde que Dios ha hecho un pacto con usted, hay un acuerdo entre dos personas. Él dice: «Yo pongo todo de mi parte si tu te comprometes conmigo y haces lo que te corresponde». Él cumplió al darnos la salvación en Cristo Jesús; puso en nosotros su Santo Espíritu. Nos ha dado dones para operar y talentos para invertir en su Reino. Ahora bien, ¿cumplirá con su parte de desarrollar todo el potencial que en usted está haciendo lo que Él demanda de su persona?

Si medita en lo que ha «perdido», sus amistades, los buenos tiempos en el mundo, la fama, el dinero o cualquier otra cosa que consideraba importante, le aseguro que se quedará en el pasado y no logrará todo lo que está a su alcance.

El que pone su mano en el arado, no mira hacia atrás

Aqui es donde muchos cristianos se detienen en su crecimiento. Al igual que los israelitas de antaño que comenzaron a desear los caldos que comían en Egipto (aunque entonces eran esclavos y ahora libres), los creyentes comienzan a pensar en las cosas de la vida pasada y aun a desearlas, deteniendo todo su crecimiento y perdiendo mucho de lo que ya han ganado.

Las circunstancias de la vida también tienden a desanimar a algunos para que sigan su crecimiento espiritual y vienen a ser para ellos como un estorbo. Por ejemplo, recuerdo cuando mi padre pasó a estar con el Señor. Llegaba mucha gente para darnos «el consuelo» como era de costumbre. Pero lo que yo notaba era que más bien nos «desconsolaban» diciéndole a mi madre: ¿Qué vas a hacer ahora que murió tu esposo? ¿Qué será de la familia? Tú sola no puedes continuar». Usted se podrá imaginar que palabras como esas no traían ningún consuelo, sino que más bien nos orientaban la mente de un pasado mejor hacia un futuro sombrío.

Sí, era cierto que nuestro padre había sido un hombre extraordinario y tanto mamá como yo y el resto de mis hermanos, sufriríamos mucho su partida, pero ella siempre les contestaba: «Dios será con nosotros. Él nunca nos ha dejado y ahora no lo hará». Yo recuerdo que las palabras de la gente de afuera no nos consolaban, pero sí las de mamá. Por un momento fue muy difícil para toda nuestra familia pero por la fe en Dios, especialmente en el corazón de mi madre, pudimos seguir hacia adelante y salir victoriosos en el Señor. Ahora estoy junto a dos de mis hermanos sirviendo en el ministerio a tiempo completo mientras que los demás también están ocupados en la obra del Señor.

¡*No medite en lo que ha perdido, sino dé gracias por lo que tiene!* Cuando Jesús caminó sobre la tierra, lo primero que observó fue que la gente era como ovejas descarriadas sin pastor, y comenzó a enseñarles. El primer sermón registrado es el conocido «Sermón del Monte» (Mateo 5—7). De este sermón aprendemos una gran lección: *No observe lo perdido, mire lo que tiene.*

1. «*Bienaventurados los pobres en espíritu, porque de ellos es el Reino de los cielos*». En lugar de sentirse mal porque es una persona que ha sufrido muchos desprecios, porque le ven con poco valor y hasta usted mismo se ha considerado de una baja auto-estima, y piensa que la vida le ha servido un platillo de legumbres amargas, anímese y escuche al Señor. No mire lo que ya no tiene, mire lo que está por recibir: ¡EL REINO! «Si Dios con nosotros, ¿quién contra nosotros?»

2. «*Bienaventurados los que lloran, porque ellos recibirán consolación*». El verdadero consuelo no es fácil de conseguir, excepto con Dios. Él es el Consolador. O sea, que de aquí en lo adelante, cuando vengan los tiempos difíciles de la vida, no llorará a solas, porque siempre habrá uno que estará a su lado para que no llore sin consuelo. ¡En Él hay ESPERANZA!

3. «*Bienaventurados los mansos, porque ellos recibirán la tierra por heredad*». Usted tal vez diga: «Todos toman ventaja de mi porque soy manso. No sé defenderme. ¿Cuándo y quién me hará justicia? Nunca lograré algo en la vida». ¡Usted no, pero Dios sí! Él es el

dueño de todas las cosas y por Él, ¡TODO NOS PERTENECE!

4. «*Bienaventurados los que tienen hambre y sed de justicia, porque ellos serán saciados*». El pobre siempre sufre. No hay justicia en este mundo. Lo mejor del hombre es como trapo de inmundicia ante Dios. Pero te promete que el día viene cuando Él hará justicia por todos los suyos. ¡Él es el DIOS JUSTO!

5. «*Bienaventurados los misericordiosos, porque ellos alcanzarán misericordia*». Sea misericordioso. No se enfoque en lo poco que tiene pensando en que si lo comparte lo perderá todo. Misericordia es gracia inmerecida. Déle aun al que no lo merece (aunque en realidad todos son merecedores) porque así, ¡usted también alcanzará MISERICORDIA!

6. «*Bienaventurados los de limpio corazón, porque ellos verán a Dios*». Vale la pena «perder» lo de este mundo y guardarnos santos ante Él. Cuando estemos en la presencia de su Gloria, cantaremos el canto de los redimidos, «¡GLORIA SIN FIN!»

7. «*Bienaventurados los pacificadores, porque ellos serán llamados hijos de Dios*». No pague mal por mal. No busque la venganza, busque la paz. Él ha escogido un nuevo nombre para los suyos que practiquen la paz, ¡HIJOS DE PAZ!

8. «*Bienaventurados los que padecen persecución por causa de la justicia, porque de ellos es el Reino de los cielos*». Una cosa es sufrir por nuestro pecado, otra es sufrir porque somos justos. No importa lo que el mundo piense de nosotros, lo importante es escuchar de Él, ¡BIEN HECHO, BUEN SIERVO FIEL!

9. «*Bienaventurados sois cuando por mi causa os vituperen y os persigan, y digan toda clase de mal contra vosotros, mintiendo*». No se queje porque lo ataquen. No se queje porque es el único cristiano en su familia. No se queje porque su esposo o esposa no quiere ir a la iglesia, y tampoco sus hijos. No medite en lo que tiene o perdió; dé gracias por lo que tiene, la salvación de su alma. Ahora usted es la puerta por la cual el Señor tiene franca entrada a su familia. *¡GOZAOS Y ALEGRAOS, PORQUE VUESTRO GALARDÓN ES GRANDE EN LOS CIELOS!*

¿De que sirve que nos llamemos cristianos si continuamos pensando como el mundo? Poco valor nos da el que nos llamemos así si continuamos con la misma mentalidad de derrota y pobreza, si continuamos quejándonos, llorando, lamentándonos y tumbados, diciendo siempre: «Nadie me da nada. Todos toman ventaja de mí. Lo he perdido todo y nada he ganado».

Si somos del Señor, seremos como Él es. Veremos todo el potencial que está en nosotros y que tenemos por delante. Esto nos transformará del «gusanito a la linda mariposa».

Así alumbre vuestra luz delante de los hombres, para que vean vuestras buenas obras, y glorifiquen a vuestro Padre que está en los cielos.

Mateo 5.16

El mundo de los pesimistas

A través de la ministración en consejería, he encontrado dos tipos de personas que vienen a recibir ayuda pastoral: el pesimista y el optimista. Déjeme darle la definición de *pesimista*. Es «la persona con inclinación a enfatizar los aspectos, las condiciones y posibilidades siempre en un tono de algo negativo o adverso y anticipar lo peor».

Alrededor de los círculos religiosos, la doctrina del pesimismo es muy fuerte; usted va a encontrar a muchos ministros del evangelio predicar con un acento pesimista; la doctrina que gobierna su manera de hablar es de pesimismo. Nunca ven lo bueno, siempre ven lo malo. Ese tipo de enseñanza hace que la obra del Señor sea reducida en nosotros a algo que no tiene significado; es estorbar el desarrollo del potencial en la persona; es detener el crecimiento. Esa doctrina de pesimismo no es de Cristo.

Pero si es tan común el pesimismo, ¿de dónde proviene? Su origen se encuentra en la mentalidad del hombre sin Cristo, del hombre viejo que fue afectado profundamente por el pecado, que es negativo y ahora lo mantiene en la condición de un pesimista.

En cambio, el *optimista* ve todo lo contrario; dice: «Me ha ido mal pero mañana será un día mejor». «Con la ayuda de Dios todo lo puedo», dijo Pablo. «Aunque me encuentre en prisiones, otra vez les digo, gozaos. Gozaos en el Señor».

El pesimista ve el vaso de agua lleno hasta la mitad y se queja por la mitad vacía; el optimista ve el vaso lleno a medias y da gracias por lo que tiene. El pesimista se queja y dice: «Señor ¿por qué no me diste un vaso lleno de agua?» Y no da gracias aun por lo poco que tiene. ¡No se queje ni medite en lo que ha perdido, sino dé gracias por lo que tiene! Porque si en lo poco es fiel, Dios lo pondrá sobre lo mucho.

El pesimista es una persona que siempre está orientada hacia el azar o la suerte. Nunca salió de esa mentalidad del mundo que se maneja en base al destino: «¡Qué suerte la mía!» «¡Ese será mi destino!»

¡Qué diferente el hombre que está lleno de la Palabra, y dice: «Yo no hablo en términos de suerte ni de destino! Yo hablo en términos de fe, de lo que es y puede ser con la ayuda del Señor».

Hay muchos ricos que son pobres, porque todavía están gobernados por la mentalidad de la pobreza. Dicen: «Tengo temor todos los días de perderlo todo». O dicen: «Tengo temor de perder mi salud y no hacer más dinero». Esa persona todavía está gobernada por la mentalidad de la pobreza.

También están aquellos pobres que son ricos y dicen: «Yo sé que no tengo mucho, pero no me quejo; le doy gracias a Dios por lo que ahora tengo». *¡Esa persona es rica! Mejor es lo poco con Dios que lo mucho sin Él.*

En el mundo aprendimos a sentir temor de perder nuestro matrimonio; siempre estaba la idea de: «¿Y si algún día me deja?» Esa persona está pensando si su cónyuge se iría; o sea, ya en su mente lo ha perdido. Si usted medita de esa manera sobre su matrimonio, este nunca será sólido y sano. Si así es su relación matrimonial estará incompleta siempre, nunca podrá sentir la seguridad que necesita tener. Por lo tanto, todavía está siendo gobernado por esa mentalidad del pasado.

Aquel que ha pasado por la mala experiencia del divorcio tendrá un cierto estigma, una marca: «Soy divorciada o divorciado». Eso lo afecta todos los días, mañana y noche. Si se deja hundir en esa actitud, nunca desarrollará su potencial porque siempre estará quejándose y meditando en lo que ha perdido y no le dará gracias a Dios por lo que tiene.

En el mundo aprendimos a sumirnos en la pobreza. Estábamos destinados a la nada, a ser nadie y a tener nada. Aun cuando entramos al cristianismo permitimos que esa mentalidad siga gobernando nuestra mente. Pero estando en Cristo no debemos pensar así, porque en Él lo tenemos todo.

Pablo, en Romanos, capítulo 8 dice: «Nos dará también con Él todas las cosas» (Romanos 8.32). Si tenemos esa seguridad, nos moveremos en el mundo dando testimonio de lo que Dios es en nosotros y la gente entonces dirá: «¿Qué sucede contigo que estás diferente?» Y usted responderá: «Cristo está en mí, y es la esperanza de gloria». Eso es lo que el mundo necesita ver en nosotros.

En el mundo, también aprendimos a tener temor por perder nuestros negocios. «¡Algún día podría perderlo todo!» «Tengo que trabajar mucho porque existe la posibilidad de que un día lo pierda todo». Esa es la actitud de temor a la que el mundo nos acostumbró. Pero si usted es realmente cristiano, tiene que saber que sus fundamentos no son humanos sino divinos, y quien construye sobre «la Roca» nunca perderá nada.

El mundo también nos enseñó el maltrato. «De niño, de jóven, de adolescente, hasta que me casé, me maltrataron», explicaba un jóven. Ese maltrato produce ligaduras que nos mantienen atados y mientras sigamos preocupándonos por esas vivencias del pasado, continuaremos siendo víctimas de esos recuerdos. Perdimos el privilegio de gozarnos con nuestros padres. Perdimos el privilegio de crecer como jóvenes normales, o de tener un esposo o esposa que nos tratara bien. Y ahora dejamos que las ligaduras se afirmen para estorbarnos y detenernos en nuestro desarrollo y en nuestro crecimiento. Sin embargo, el cristiano debe decir que aunque fue maltratado como niño, como jóven o cónyuge, ahora «todo lo puede en Cristo que le fortalece». No deje que esos recuerdos lo sigan amarrando, sino que ahora debe estar orientado hacia la cruz del Calvario. Allí Cristo declaró que usted es victorioso en todo y que con Él debe avanzar. ¡Qué diferencia!

¡Imagínese si Cristo viniese a buscar a su Iglesia y se llevara solamente a los ricos, a los educados, a los de sangre azul, a los de renombre! Pero no será así, Él llevará hasta el cielo a gente como usted y como yo que hemos sido la basura del mundo, los pobres del mundo, que hemos sido nada.

«El que pone sus manos», dijo Cristo, «en el arado, no mire atrás». Si todavía está mirando atrás, y meditando en lo que ha perdido, construirá surcos torcidos y probablemente ni siquiera acabe la carrera. ¡Si ha puesto sus manos en el arado, ya no mire atrás, camine hacia adelante y ponga su mirada en el autor y el consumador de la fe que es Cristo Jesús!

Ejemplos de fe

La historia de Josué nos gusta a todos. La Biblia nos relata que ese hombre extraordinario que fuera Moisés, había muerto. «Y lloraron los hijos de Israel a Moisés en los campos de Moab treinta días» (Deuteronomio 34.8). ¡Este sí que es luto! Este entierro duró casi un mes. En el campo de Moab estaba Josué con todos los sacerdotes, los príncipes, todas las tribus, y toda la gente estaba llorando, llorando y llorando, lamentando la muerte del gran líder Moisés.

> *Y así se cumplieron los días del lloro y del luto de Moisés. Y Josué hijo de Nun fue lleno del espíritu de sabiduría, porque Moisés había puesto sus manos sobre él; y los hijos de Israel le obedecieron, e hicieron como Jehová mandó a Moisés. Y nunca más se levantó profeta en Israel como Moisés, a quien haya conocido Jehová cara a cara.*
>
> Deuteronomio 34.8-10

Llegó el momento en que ya era tiempo de dejar de llorar. ¿Qué tenía en mente Dios? Él quería que su gente entrara en la tierra que había escogido. Moisés estaba muerto y el pueblo lo había llorado mucho. Pero el tiempo de actuar ya había llegado, Dios se dirigió a Josué y le dijo: «Mi siervo Moisés ha muerto; ahora, pues, levántate y pasa este Jordán, tú y todo este pueblo» (Josué 1.2).

Cuando llegamos a Cristo debemos entender que Moisés está muerto; nuestro viejo hombre está muerto. Él no va a entrar a la tierra prometida; el nuevo hombre lo hará. Jehová le dijo a Josué: *El tiempo terminó, pon detrás de ti el pasado. No medites en la muerte, ni en lo que has perdido; es tiempo que camines hacia adelante. El tiempo de luto terminó. Ahora es tiempo de levantarte, deja de quejarte por la muerte de Moisés. Acuérdate que como estuve con Moisés, estaré contigo. Le dije a Moisés que te impusiera las manos y que te diera espíritu de sabiduría. El mismo espíritu que había en Moisés está hoy en ti. Recuerda que como a Moisés, te escogí a ti; te he prometido que adonde quiera que vayas tendrás éxito, así como lo tuvo Moisés. Ahora, deja de llorar, deja de quejarte y levántate* (véase Josué 1.1-9).

Era el momento de un cambio en la manera de pensar y de ver las cosas para Josué. Lo mismo que para usted es tiempo de olvidar el pasado y orientar su vida hacia el futuro. Ha llegado una nueva época, un nuevo enfoque; una nueva mentalidad debe gobernar su mente ahora. Pase de la muerte a la vida. Ese es el mensaje que Dios tiene para usted todos los días. Moisés ya murió, deje de quejarse y llorar por lo que ha perdido y déle gracias a Dios por lo que tiene. ¡Levántese y muévase en el nombre de Jesucristo, y cruce el Jordán!

¡Qué fácil hubiera sido para Josué decirle a Dios: «Señor, es sencillo decirlo, pero tengo la carga en mis manos. Mientras Moisés estaba con nosotros, no había problema porque él te vio cara a cara. Yo nunca te he visto a ti de esa manera. Tú llamaste a Moisés "amigo", no a mí. Él fue un tremendo profeta, yo no tengo esa distinción».

Esa es la forma en que solemos actuar nosotros. Decimos: «Pastor, usted predica así porque siempre le ha ido muy bien». Buscamos excusas para poder seguir en el luto, en el llanto y la meditación de lo que perdimos.

Puedo mostrarle la diferencia entre el que crece y se desarrolla, y el que se queda estancado. Muchos cristianos se conforman solo con asistir a la iglesia y recibir la Palabra, pero nunca crecen, nunca se desarrollan. ¿Saben por qué? Porque están orientados siempre hacia el pasado. La mayor parte del tiempo están llenos de quejas por lo que han perdido y nunca le dan gracias a Dios por lo que tienen.

Recuerda la historia del joven rico cuando Cristo le habló y le dijo: *¡Puedes ser salvo! Lo que tienes que hacer es vender todas tus posesiones y dárselas a los pobres*. La Biblia nos cuenta que el joven rico se fue triste porque tenía muchas riquezas. Él puso su mirada en lo que iba a perder y no en lo que iba a ganar. (Véase Marcos 10.17-22.)

Este relato describe exactamente nuestra mentalidad humana. Pero si somos cristianos, ya no podemos pensar como antes. Déjeme decirle cómo puede pasar de pensar en lo perdido, a dar gracias por lo que tiene.

El capítulo 11 de la epístola a los Hebreos es el más glorioso de la Biblia en cuanto a la fe. Vea lo primero que dice:

Es, pues, la fe la certeza de lo que se espera, la convicción de lo que no se ve ... Pero sin fe es imposible agradar a Dios; porque es necesario que el que se acerca a Dios crea que le hay, y que es galardonador de los que le buscan.

Hebreos 11.1,6

La fe nos ayudará a no mirar atrás y a tomar la determinación de creer en lo que Él preparó para nuestro futuro.

El desarrollo de nuestro potencial es una de nuestras posibilidades, podemos avanzar aceptando la posición que Cristo nos dio.

¿Actuará con cobardía o con decisión firme basada en su fe?

PARA EL QUE CREE, TODO ES POSIBLE.

Conclusión

¡Descubra su potencial!

¡Fuimos creados para remontarnos, no para arrastrarnos!

¡Muchas personas se pasan la vida haciendo algo, pero pocas finalizan lo que hacen! Cuando queremos aprender a nadar, debemos primero entregarnos al agua totalmente. Debemos creer que el agua es capaz de sostenernos. Así, por fe debemos apoderarnos firmemente de aquello que Dios nos ha entregado.

Acepte con autoridad las promesas de Dios y llame «a las cosas que no son como si fueran», entonces Dios cumplirá su promesa y usted experimentará su maravilloso poder.

Un profesor dijo: «Durante mis más grandes descubrimientos, existió un instante en que tuve que dar un gran salto al vacío. Todo aquel que tenga temor de dar ese gran salto nunca conocerá la vehemencia de lo que es creer».

Nunca deje de soñar en Dios. Él ha puesto un gran potencial en usted. Entréguelo multiplicado de acuerdo a su desafío delante de Dios. Él ha destinado un propósito para cada vida y para cada situación.

Una hermosa ilustración que llegó a mis manos sin saber a quién pertenecía, me demostró que cada hombre es el fruto y el resultado del desarrollo de su potencial en Cristo.

Cuenta el relato la historia de tres pequeños árboles que juntos soñaban lo que les gustaría ser cuando grandes.

El primer arbolito miró las estrellas del cielo y dijo: «Mi anhelo es guardar en mi interior grandes tesoros. Estar repleto de oro, diamantes, brillantes y todo tipo de riquezas. Seré el baúl de tesoros más hermoso del mundo».

El segundo arbolito miró hacia un pequeño arroyo que corría camino al mar y dijo: «Yo quiero viajar en medio de aguas terribles del embravecido mar y llevar a príncipes y reyes de poderosas naciones sobre mí. Seré el barco más majestuoso del mundo».

El tercer arbolito miró hacia el valle bajo la montaña y vio a hombres trabajando en su pueblo y dijo: «Yo no quiero irme a la cima de la montaña. Quiero crecer tan alto que la gente se pare a mirarme y cuando lo hagan, levantarán su mirada al cielo y pensarán en Dios. Yo seré el árbol más alto del mundo».

Los años pasaron, llovió, brilló el sol y aquellos pequeños árboles crecieron hasta hacerse grandes y altos.

Un día, tres leñadores subieron a la cumbre. El primer leñador miró al primer árbol y dijo: «¡Qué árbol tan hermoso este!» Y con fuerza arremetió su hacha en el tronco hasta que el árbol cayó. «Ahora me convertirán en un baúl maravilloso, guardaré grandes tesoros en mi interior», dijo el primer árbol.

El segundo leñador miró fijamente al segundo árbol y dijo: «Este árbol es muy fuerte, es perfecto para mí». Y con fuerza arremetió su hacha en el tronco hasta que el árbol cayó. «Ahora navegaré por aguas terribles con reyes temidos y poderosos», pensó el segundo árbol.

El tercer árbol sintió su corazón sufrir cuando el último leñador lo miró, y sin titubear arremetió fuertemente su hacha en el tronco hasta que el tercer árbol cayó.

El primer árbol se emocionó cuando el leñador lo llevó a una carpintería. Pero allí el carpintero lo convirtió en una caja de alimentos para animales de granja.

El segundo árbol sonrió cuando el segundo leñador lo puso cerca de un embarcadero, pero ningún barco imponente fue construido ese día. Aquel árbol fue cortado y convertido en un simple barco de pesca.

El tercer árbol estaba confundido cuando el leñador lo cortó para hacer tablas fuertes y lo abandonó en un almacén de maderas. El árbol dijo: «Yo quería quedarme en la cumbre de la montaña y apuntar a Dios...»

Días y noches pasaron. A los tres árboles ya se les habían olvidado sus sueños. Pero una noche, la luz de una estrella alumbró al primer árbol cuando una mujer joven puso a su hijo recién nacido en la caja de alimento. «Yo quisiera haber podido hacer una cuna para el bebé», le dijo el esposo a la mujer. Ella sonrió mientras la estrella alumbraba la madera suave y fuerte de la improvisada cuna. La mujer dijo: «¡Este pesebre es hermoso!» De repente, el primer árbol supo que contenía el tesoro más grande del mundo.

Una tarde, un viajero cansado y sus amigos se subieron a un viejo bote de pesca. El viajero se quedó dormido mientras el segundo árbol navegaba tranquilamente hacia lago adentro. De pronto, una impresionante tormenta llegó. El pequeño árbol se llenó de temor. Él sabía que no tenía la fuerza necesaria para llevar a todos los pasajeros a salvo hasta la orilla con ese viento fuerte. El hombre cansado se levantó, y alzando su mano dijo: «Calma». Y la tormenta se detuvo tan rápido como comenzó. El segundo árbol supo entonces que llevaba navegando al Rey del Cielo y de la Tierra.

Un viernes por la mañana el tercer árbol se extrañó cuando sus tablas fueron tomadas de aquel almacén de madera olvidado. Se asustó al ser llevado en medio de una gran multitud de personas enojadas. Se llenó de temor cuando unos soldados clavaron las manos de un hombre en su madera. Se sintió feo, áspero y cruel. Pero el domingo por la mañana, cuando el sol brilló y la tierra tembló de júbilo, el tercer árbol supo que el amor de Dios lo había cambiado todo. Esto hizo que se sintiera fuerte, ya que cada vez que la gente pensara en él, pensarían en Dios. Eso era mucho mejor que ser el árbol más alto del mundo.

La próxima vez que sienta que no ha alcanzado ser lo que anhelaba, solo siéntase firme y sea feliz, porque Dios ya ha provisto lo mejor para usted al darle su potencial.

¡Salte al vacío de la fe y descubrirá vida abundante, paz y libertad!